Der Selbstversorger Küchenbalkon

IMPRESSUM

Unser Verlagsprogramm finden Sie unter
www.christian-verlag.de

Produktmanagement: Annemarie Heinel, Sabine Scheurer
Textredaktion: Christine Weidenweber
Korrektur: Dr. Michael Schenkel
Layout und Satz:
VerlagsService Gaby Herbrecht, Mindelheim
Umschlaggestaltung: Caroline Daphne Georgiadis,
Daphne Design
Text: Katharina Adams
Fotografie: Friedrich Strauß, Spezialarchiv für Pflanzenfotografie
Herstellung: Bettina Schippel
Repro: Repro Ludwig, Zell am See

Gesamtherstellung:
Verlagshaus GeraNova Bruckmann GmbH

Die Deutsche Nationalbibliothek verzeichnet diese Publikation in der Deutschen Nationalbibliografie; detaillierte bibliografische Daten sind im Internet über http://dnb.d-nb.de abrufbar.

© 2013, Christian Verlag GmbH, München
1. Auflage 2013
Alle Rechte vorbehalten.

ISBN 978-3-86244-250-8

Alle Angaben in diesem Werk wurden von der Autorin sorgfältig recherchiert und auf den aktuellen Stand gebracht sowie vom Verlag geprüft. Für die Richtigkeit der Angaben kann jedoch keinerlei Haftung übernommen werden. Für Hinweise und Anregungen sind wir jederzeit dankbar. Bitte richten Sie diese an:
Christian Verlag
Postfach 400209
80702 München
E-Mail: lektorat@verlagshaus.de

Bildnachweis:
Alle Fotos Friedrich Strauß, außer Schmuckvignetten:
www.shutterstock.com:
Max Krasnov (Keimling), OK-SANA (Rübe);
www.fotolia.com:
Microstockfish (Baum), lom123 (Thymian)

Der Selbstversorger Küchenbalkon

Friedrich Strauß
Katharina Adams

Obst, Gemüse und Kräuter

CHRISTIAN

Selbstversorgung auf kleinstem Raum	7
So wird es wohnlich	8
Pflanzen und Pflanzgefäße	10

So wächst und gedeiht alles auf dem Balkon   12

Gute Qualität – gutes Wachstum	14
Anzucht aus Samen	18
Die beste Erde	24
Aussaatpraxis	26
Stecklingsvermehrung	30
Wasser marsch!	32
Die beste Düngung	36
Krankheiten und Schädlinge vermeiden	38
Natürliche Feinde fördern	42

Gehölze und mehr – zum Naschen und Ernten   44

Bitte zugreifen	46
Kleine Bäume – großer Geschmack	48
Äpfel zum Anbeißen	54
Zart schmelzende Birnen	62

Süß- und Sauerkirschen	70
Südländisches Flair mit Pfirsich & Co.	76
Früchte wie aus dem Garten	80
Beerenobst – ideal für Kübel und Kästen	82
Süße und saure Leckereien – Johannisbeeren	84
Für Liebhaber – Stachelbeeren	90
Sehr beliebt – Heidelbeeren	94
Mit Wildcharakter – Preiselbeeren	96
Neuentdeckungen – Gesunde Vitaminbomben	98
Mediterrane Kübelpflanzen	100
Hoch hinaus – auch Obst kann klettern	108
Stauden zum Naschen	114
Exotik für den Balkon	116
Hegen und pflegen	118

Balkongemüse aus eigener Ernte 122

Wenig Platz – ungeahnte Möglichkeiten	124
Rückenschonendes Gärtnern mit Hochbeeten	126
Tomaten – reiche Ernte vom Genießerbalkon	129
Paprika, Peperoni und Chili – scharfe Früchtchen	134

Gurke und Zucchini – vielseitig und problemlos	138
Balkonsalate – Auswahl in Hülle und Fülle	144
Wurzelgemüse – deftige Delikatessen	148
Kohl im Kübel	152
Kartoffeln aus dem Eimer	156

Kräuter für den guten Geschmack 158

Duftende und aromatische Alleskönner	160
Kräuterkultur leicht gemacht	162
Altbewährte Suppenkräuter	166
Mittelmeerkräuter im Topf	168

Erntefreuden	172
Gesunde Sommerfrische	173
Nicht nur schön – essbare Blüten	176
Hegen und pflegen	178
Bezugsquellen	180
Register	182

Selbstversorgung auf kleinstem Raum

Seit einigen Jahren boomt der Nutzgarten, Schrebergärten werden wieder chic, und in der Stadt finden sich Gleichgesinnte, um Brachflächen in Gemüsegärten umzuwandeln. Auch Hausgärten beginnen sich langsam zu wandeln. Nicht mehr der reine Ziergarten ist das »Nonplusultra«, sondern eine attraktive Mischung aus Wohngarten und Flächen, auf denen Nutzpflanzen wachsen dürfen.

Warum erscheint uns heute das eigene Heranziehen und Ernten von Obst und Gemüse so attraktiv? Im Supermarkt gibt es doch ganzjährig alle nur erdenklichen Früchte zu kaufen, nicht nur von hier, sondern auch aus sämtlichen Ländern dieser Welt. Aber vielleicht ist es ja gerade der Überdruss an uniformer Ware, die zwar meist perfekt aussieht, aber geschmacklich das Versprechen oft nicht halten kann. Zudem gibt es immer wieder Berichte über Pestizideinsatz und das Bestreben der Agrarindustrie, genverändertes Saatgut zu verwenden. Bei selbst herangezogenem Obst und Gemüse hingegen weiß man, was man hat, man kann biologisch gärtnern und hat es damit selbst in der Hand, dass gesundes Essen auf den Tisch kommt. Und außerdem ist es toll, aus winzigen Samenkörnern üppige Salatköpfe, aromatische Tomaten oder zuckersüße Beerenfrüchte heranreifen zu sehen, die direkt nach der Ernte ganz frisch verzehrt oder in der Küche verarbeitet werden.

Linke Seite:
Tomaten und Paprika gedeihen auf jedem sonnigen Südbalkon prächtig.

Die kleinfrüchtigen Monatserdbeeren produzieren den ganzen Sommer lang aromatische Früchte.

So wird es wohnlich

Wer keinen eigenen Garten, sondern lediglich einen Balkon oder eine Terrasse zur Verfügung hat, braucht auf selbst gezogenes Gemüse und eigenhändig geerntetes Obst nicht zu verzichten. Denn auch auf kleinstem Raum, in Balkonkästen, Kübeln, Hochbeeten und sonstigen Behältern, kann man problemlos die eigene Ernte heranziehen.

Buschig wachsende Tomatensorten eignen sich besonders gut für Töpfe.

Geschmackvoll zusammenstellen

Zu einem wohnlichen Balkon gehören nicht nur schöne Pflanzen. Oft sind es Kleinigkeiten, die darüber entscheiden, ob der Balkon zum viel genutzten Lieblingsplatz nicht nur zum Ernten, sondern auch zum Entspannen wird. Balkone sind fast immer gut einsehbar und exponiert, mit relativ einfachen Mitteln lassen sie sich aber auch in ungestörte Rückzugsorte verwandeln.

Zierliche Balkongeländer aus Metall wirken an modernen Gebäuden zwar oft schöner als klobige Holzverkleidungen, sie sind jedoch recht »durchsichtig« und man fühlt sich mitunter wie auf einem Präsentierteller. Ist der Balkon groß genug, schaffen Kübelpflanzen eine Art Sichtschutz, die man vor das Geländer stellt und die farblich mit den bepflanzten Balkonkästen harmonieren.

Auf kleinen Balkonen ist so viel Platz oft nicht vorhanden. Die Lösung: Verkleiden Sie das Geländer mit einem schönen Markisenstoff, den Sie im Fachgeschäft vom Meter kaufen können. Schneiden Sie die Bahn entsprechend der Brüstungshöhe zu und »flechten« Sie diese durch die Gitterstäbe hindurch. Die Enden werden mit Ringösen versehen, damit man den Stoff mithilfe kräftiger Nylonschnüre am Geländer befestigen kann. Unauffällig ist naturfarbener Stoff, doch auch kräftige Farben oder Streifen-

Bambus gedeiht auch in Kübeln und eignet sich gut als Sichtschutz.

muster sehen gut aus, sofern sie farblich passen.

Sonnenschirme sorgen nicht nur für Schatten in der Mittagshitze, sie halten auch neugierige Blicke fern. Speziell für Balkone wurden Modelle entwickelt, die am Geländer festgeklemmt werden und somit keinen wertvollen Platz am Boden beanspruchen.

Die üblichen Halterungen für Balkonkästen sind zwar praktisch, Holzkästen, in die die Kunststoffkästen hineingestellt werden, wirken aber erheblich edler. Mit ein wenig Geschick können Sie solche Kästen leicht selber bauen. In edlem Weiß oder passend zu den Fensterrahmen des Hauses gestrichen, werten sie den Balkon auf. Auch der Bodenbelag lässt oft zu wünschen übrig. Weder grau gestrichener Estrich noch braun geflammte Spaltklinker sorgen für eine behagliche Atmosphäre. Wenn der Boden nicht neu gefliest werden soll (in Mietwohnungen lohnt sich das nicht unbedingt), kann man einfach Holzfliesen aus dem Baumarkt lose verlegen. Naturbelassen wirken sie unaufdringlich rustikal. Sie können aber auch passend zu Polstern und Pflanzen lasiert werden.

So wird es wohnlich

Pflanzen und Pflanzgefäße

Örtliche Gärtnereien haben in der Regel ein gutes Standardsortiment sowohl bei Obstgehölzen als auch bei Gemüsejungpflanzen und Kräutern. Sie pflegen intensiven Kontakt zu ihren Kunden und sind dadurch auch über deren spezifische Wünsche gut informiert. Die Qualitätsstandards der Gärtnereibetriebe sind hoch, denn sie sind auf die Zufriedenheit der Kunden angewiesen, wenn sie diese langfristig an sich binden wollen.

Im Gartencenter erhalten Sie in der Regel ein umfangreiches Sortiment der gängigen Obstarten und -sorten. Im Gegensatz zu Gärtnereien beziehen die Gartencenter verkaufsfertige Ware von Gärtnereien, die genügend große Stückzahlen liefern können. Die Qualität ist normalerweise ebenso gut. Es kommt vor allem darauf an, dass die Pflanzen fachgerecht vom Personal gepflegt werden, solange sie am Verkaufsort stehen. Achten Sie also darauf, ob die angebotene Ware einen frischen, gepflegten Gesamteindruck macht. Ein begrenztes Sortiment an Gemüsejungpflanzen gibt es meist zur Saison im Frühling.

Pflanzen bestellen oder tauschen

Schon zum Winterende verschicken die zahlreichen Versandgärtnereien ihre Kataloge, die neben Sämereien auch Jungpflanzen von Gemüsearten wie Tomaten, Paprika und Gurken anbieten. Die Jungpflanzen werden in speziellen Trays, die fast schon eine Art Minigewächshäuser darstellen, angeliefert und können auf der Fensterbank oder im Wintergarten weiterkultiviert werden, bis sie im Mai zu starken Pflanzen herangewachsen sind, die sich für die Balkonkastenbepflanzung eignen. Eine gute Quelle besonders für etwas ausgefallenere Wünsche sind auch immer wieder Tauschbörsen. Sie werden meist von Pflanzenliebhabergesellschaften oder Gartenbauvereinen veranstaltet, deren Mitglieder häufig einzelne Gattungen sammeln, vermehren und überzählige Exemplare verkaufen oder gegen andere Pflanzen eintauschen. Die Termine werden meist in der Tagespresse oder auch in Gartenzeitschriften bekannt gegeben.

Zum Gesamteindruck einer gelungenen Balkon- und Terrassenbepflanzung tragen auch schöne Töpfe und Kästen wesentlich bei. Sie sollen nicht nur dekorativ, sondern auch zweckmäßig sein, dazu langlebig und gerade bei Dauerbepflanzung mit Obstgehölzen unbedingt auch frosthart.

Kunststoffkästen

Balkonkästen sind in den unterschiedlichsten Materialien erhältlich. Am preiswertesten sind Kunststoffkästen. Neben den klassischen Farben Weiß, Braun und Grün werden auch Modelle in modischen Farben

Mit einem Geflecht aus Weide wird aus jedem simplen Topf ein Schmuckstück.

angeboten, die ein besonderer Hingucker sein können. Häufig imitieren Kunststoffkästen auch andere Materialien wie Terrakotta auf verblüffende Weise. Achten Sie beim Kauf unbedingt auf gute Qualität. Die Farben sollten lichtecht sein und auch nach mehreren Jahren nicht ausbleichen. Markenhersteller geben häufig eine mehrjährige Garantie auf ihre Gefäße.

Ein großer Vorteil dieser Gefäße ist ihr geringes Gewicht. Neben den einfachen Kästen werden auch unterschiedlichste Modelle mit eingebautem Wasserreservoir angeboten. Die einfacheren haben Matten auf dem Boden, die größere Mengen an Gießwasser aufsaugen und gleichmäßig wieder abgeben. Solche Kästen sind etwas höher, damit die Wurzeln der Pflanzen noch genügend Raum haben.

Terrakotta, Ton und Stein

Auch Balkonkästen aus Terrakotta und Ton sind sehr beliebt. Oft sind ganze Serien aus Kästen und Kübeln im Angebot, alle im Design aufeinander abgestimmt und vielseitig zu kombinieren. Die angenehmen Rottöne hochwertiger Terrakottaware harmonieren hervorragend mit allen Pflanzen und auch mit jeder Art von Balkonmöblierung. Anders als Kunststoff atmet das Material und verdunstet dabei auch immer einen Teil des Gießwassers. Es muss also häufiger gegossen werden. Außerdem sind die Gefäße sehr schwer; das sollte man vor dem Kauf bedenken.

Glasierte Gefäße sind meist aus Steinzeug. Sehr beliebt sind leuchtende Blautöne, aber auch erdige Braun- und Grüntöne haben eine ganz besondere und warme Wirkung. Sie wirken rustikaler und harmonieren besonders gut mit Bodenbelägen aus groben Natursteinen und Klinkern.

Metall und Beton im Trend

Wer es besonders edel mag, kann aus einem umfangreichen Sortiment an Gefäßen aus Zink, Edelstahl und Kupfer wählen. Mit der Zeit setzen diese Materialien eine schöne Patina an, zudem sind sie so gut wie unzerstörbar.

Interessant sind auch Töpfe aus Betonmischungen, die je nach zugegebenen Materialien wie Granit, Marmor oder Naturstein wirken, aber viel preiswerter sind.

Klassische Terrakottatöpfe bekommen im Laufe der Jahre eine schöne Patina.

SO WÄCHST UND GEDEIHT ALLES AUF DEM BALKON

Rechte Seite:
Die kräftige Tomatenjungpflanze ist gut durchwurzelt und kann jetzt in den Kübel umgepflanzt werden.

Gute Qualität – gutes Wachstum

Gemüse und Obst sind auf dem Balkon in Kübeln, Töpfen und Kästen ebenso wie Zierpflanzen besonderen Bedingungen ausgesetzt. Der Wurzelraum ist viel kleiner als im Gartenboden, das heißt, die Wurzeln haben nur wenig Platz, sich auszubreiten. An heißen Tagen trocknet die Erde sehr schnell und verkarstet dann oberflächlich, und die Wurzeln haben keine Möglichkeit, sich in tieferen Regionen Wasser zu holen. Und in kalten Wintern friert ein Topf viel schneller durch, als das im Boden der Fall ist. Diese und andere besondere Stressbedingungen können viel schneller zum Absterben der Pflanzen führen, als das im Gartenboden der Fall wäre. Außerdem ist die Widerstandskraft der Balkongewächse gegenüber Krankheiten und Schädlingen unter Stress viel geringer.

Deshalb ist es besonders wichtig, dass gesunde und widerstandsfähige Sorten gewählt werden, die an einem geeigneten Platz stehen und bestmöglich mit Nährstoffen und Wasser versorgt werden. Dazu kommt dann noch ein passender Schutz im Winter – und einer grünen Oase auf dem Balkon steht nichts mehr im Weg.

Minze, gut verpackt, übersteht auf dem Balkon auch kalte Winter.

SO WÄCHST UND GEDEIHT ALLES AUF DEM BALKON

Der erste Schritt für ein gesundes und üppiges Wachstum der Balkonpflanzen wird bereits beim Einkauf gemacht, wenn man auf qualitativ hochwertige Pflanzenware achtet. Kräftige Jungpflanzen mit gutem Knospenansatz garantieren für üppiges Wachstum, besten Blütenansatz und dadurch auch eine reiche Ernte, regelmäßige Pflege und ausreichende Düngergaben vorausgesetzt.

Gute Qualität erkennen

Hochwertige Pflanzen sind buschig mit gleichmäßig langen Trieben. Lange helle Triebe, die dazu noch spärlich belaubt sind, weisen auf zu dunklen Stand hin. Gesundes Laub zeichnet sich durch die sortentypische Blattfarbe aus. Es sollten keine Flecken, Pilzbeläge oder vergilbte Blätter zu sehen sein. Schlappes Laub ist ein Anzeichen dafür, dass die Pflanzen auf dem Transport zum Verkaufsort gelitten haben oder dass sie nicht ausreichend gegossen wurden.

Blätter, Blattstiele, Blüten und auch die Erde müssen genau kontrolliert werden. Sind die Blätter vergilbt, staubig oder verklebt, deutet das auf einen Befall mit Krankheiten und Schädlingen hin. Bei genauem Hinsehen entdeckt man dann womöglich sogar Spinnmilben, Läuse oder Weiße Fliegen. Auch abgeknickte Stängel sind ein Anzeichen für schlechte Transport- oder Lagerbedingungen. Wichtig ist auch ein gut durchwurzelter Ballen, der weder zu feucht noch zu trocken

Oben:
Selbst geerntetes Saatgut muss trocken aufbewahrt werden; am besten eignen sich leere Filmdosen.

Unten:
Sämlinge in Saatschalen sollten vereinzelt werden, sobald sie kräftig genug sind.

Rechte Seite:
Saatgut ist meist einige Jahre keimfähig, wenn es trocken und kühl gelagert wird. Machen Sie zur Sicherheit vor der Aussaat eine Keimprobe.

sein sollte. Beim Herausziehen des Ballens aus dem Topf sollten zahlreiche gesunde, helle Wurzeln zu sehen sein. Optimal ist es, wenn der Wurzelballen beim Herausziehen nicht auseinanderfällt. Ist die Erde stark ausgetrocknet, deutet das auf eine ungenügende Pflege hin. Man muss damit rechnen, dass solche Pflanzen erst einmal aufgepäppelt werden müssen. Außerdem sind vor allem kranke Pflanzen die ersten auf dem Balkon, die von Schädlingen und Krankheiten heimgesucht werden.

Eine gute Qualität sollte man auch bei Saatgut wählen. Mittlerweile bietet jeder Drogeriemarkt und jede Nahrungsmittelkette Gemüsesamen an. Doch häufig handelt es sich dabei schon um älteres Saatgut, dessen Keimkraft schon sehr nachgelassen hat. Zum Schluss muss man dann vielleicht noch einmal nachsäen und wäre mit einem einzigen etwas teureren Saatgutpäckchen weiter gekommen.

Anzucht aus Samen

Es macht Spaß, die eigenen Pflanzen aus Samen anzuziehen. Bei Gemüsepflanzen gelingt das oft sehr gut, Gehölze und Stauden dagegen sind nur schwer selbst anzuziehen. Zur Keimung stellen einige Arten auch ganz spezielle Wünsche an Faktoren wie Temperatur, Licht und Luftfeuchtigkeit, die vom Hobbygärtner mitunter nur schwer zu erfüllen sind. Einige Arten müssen schon im Januar ausgesät werden, damit sie bis zum Sommer blühfähig sind. Ohne zusätzliches Licht mithilfe spezieller Pflanzenleuchten entwickeln sich die Keimlinge nicht zufriedenstellend. Ab Februar gelingt aber die Aussaat auf einer hellen Fensterbank, denn nun werden die Tage bereits etwas länger und die Keimlinge erhalten genügend Licht. Am besten probiert man selbst aus, welche Samen leicht selbst anzuziehen sind und bei welchen das nicht so gut gelingt, dann weiß man im nächsten Jahr direkt Bescheid.

Gerade viele robuste Gemüsearten lassen sich auch gut an Ort und Stelle, also im Balkonkasten oder im Kübel, aussäen. Vor allem solche mit rübenartigen Wurzeln, also beispielsweise Karotten und Radieschen, entwickeln sich rasch und sind auch in relativ kurzer Zeit erntereif, sodass den Sommer über ständig geerntet werden kann. Andere Arten und Sorten werden ab März in Kistchen oder Töpfe ausgesät, wenn es für eine Direktsaat noch zu früh ist. Auf den Samentüten ist genau beschrieben, ab wann die Aussaat möglich ist.

Große Samen, z. B. von Gurken und Kürbis, werden am besten gleich einzeln in Töpfe gesät.

Hochwertiges Saatgut

Natürlich ist es möglich, selber Samen zu ernten und im nächsten Frühling auszusäen. Wildarten und alle alten Sorten sind genetisch stabil, sodass aus dem geernteten Saatgut auch im folgenden Jahr Pflanzen von gleich guter Qualität entstehen. Viele moderne Züchtungen sind allerdings komplexe Kreuzungen verschiedener Sorten und sogar Arten innerhalb einer Gattung. Pflanzenzüchter kreuzen Exemplare mit besonders wünschenswerten Eigenschaften untereinander, und die erste Generation dieser Kreuzungen sind die sogenannten F1-Hybriden. Das Saatgut dieser F1-Hybriden spaltet jedoch wieder auf, das Ergebnis sind stark variierende Pflanzen von sehr unterschiedlicher Qualität. F1-Hybriden müssen also immer wieder neu aus den ausgewählten Mutterpflanzen gewonnen werden. In den Betrieben der Pflanzenzüchter, in denen eine kontrollierte Bestäubung möglich ist, stellt das kein Problem dar. Wird also F1-Saatgut verwendet, muss der Samen jedes Jahr neu im Fachhandel gekauft werden.

Aussaat auf der Fensterbank

Für die Aussaat auf der Fensterbank bieten sich die verschiedensten Anzuchtgefäße an. Wenn nur eine kleinere Anzahl an Pflanzen herangezogen werden soll, kann man durchaus auf haushaltsübliche Behälter wie Joghurtbecher oder Champignonkistchen aus

Kunststoff zurückgreifen. Große Samenkörner, etwa von Sonnenblumen, werden einzeln oder in 3er-Gruppen in Joghurtbecher oder kleine Blumentöpfe gesät. Feinere Samen sät man besser breitwürfig in Saatkistchen aus. Im Handel werden spezielle Kisten aus Styropor angeboten, die mehrmals wiederverwendet werden können.

Die üblichen Maße dieser Saatkisten sind 20 x 30 cm oder auch 15 x 20 cm. Diese Styroporkisten sind hervorragend geeignet, weil Wände und Boden gut wärmedämmend sind und die Sämlinge ohne größeren Wärmeverlust auch auf einer kalten Granitfensterbank stehen können. Bei dünnwandigen

Im Herbst können Samen aus eigener Anzucht geerntet werden.

Alle Anzuchtgefäße kann man mehrmals wiederverwenden. Vor dem neuerlichen Gebrauch müssen sie allerdings gründlich gesäubert werden, um eventuelle Krankheitskeime abzutöten.

Anzucht aus Samen

Rechte Seite:
Eine selbst gebaute Kletterhilfe aus Weiden- oder Haselruten.

Unten links:
Im Frühbeetkasten entwickeln sich die Jungpflanzen zügig. Wichtig: regelmäßiges Lüften.

Unten rechts:
Multitopfplatten mit zarten Jungpflänzchen. Sie müssen vor dem Umpflanzen noch kräftig wachsen.

Anzuchtbehältern ist es hingegen günstig, eine wärmedämmende Schicht unterzulegen, zum Beispiel dicke Pappe oder eine Styroporplatte. Styroporkisten sind leider etwas bruchempfindlich und sollten immer vorsichtig behandelt werden.

Saatkisten gibt es auch aus verschiedenen Kunststoffen. Die sollten dann am besten dickwandig und möglichst schlagfest sein, dann sind sie lange haltbar und können viele Jahre weiterverwendet werden.

Minigewächshäuser

Eine gleichmäßige Feuchtigkeit trägt wesentlich dazu bei, dass sich die empfindlichen Keimlinge gut entwickeln. Bei einer Abdeckung der Anzuchtgefäße verdunstet weniger Feuchtigkeit aus der Erde. Die Gefahr, dass die Erde zu stark austrocknet, wird dadurch gebannt. Außerdem muss weniger gegossen werden. Im Fachhandel sind verschiedene Treibkistchen mit durchsichtiger Abdeckhaube erhältlich, die auch auf der Fensterbank Platz finden. Die Kistchen werden entweder direkt mit Erde befüllt oder auch mit einzelnen Töpfchen oder Multitopfpaletten bestückt.

Als Alternative bieten sich auch Abdeckungen »Marke Eigenbau« aus Folie an. Dafür stülpt man einfach durchsichtige Plastiktüten über die Anzuchtgefäße. Kleine Stäbchen (zum Beispiel Schaschlikspieße aus Holz), die in

SO WÄCHST UND GEDEIHT ALLES AUF DEM BALKON

die Erde gesteckt werden, halten die Tüte auf Abstand zu den Keimlingen. Nach erfolgter Keimung muss die Abdeckung regelmäßig angehoben werden, um die Pflanzen zu belüften und um sie allmählich abzuhärten.

Moderne Anzuchtgefäße

Neben den klassischen Töpfen und Kistchen sind zahlreiche Plattensysteme auf dem Markt, die auch dem Hobby-Vermehrer die Arbeit sehr erleichtern. Besonders das mehrmalige Pikieren fällt dabei weg, die Sämlinge werden nur noch einmal pikiert und kommen dann an ihren endgültigen Standort.

Anzuchtplatten sind miteinander verbundene kleine Töpfchen. Jede Pflanze kann dabei ihren eigenen Wurzelballen ausbilden. Das Wurzelwerk wird also beim Verpflanzen nicht mehr auseinandergerissen, wodurch der Umpflanzschock erheblich gemildert wird. Auch die Gefahr, dass sich Pilzerkrankungen von einer Pflanze auf die anderen übertragen, wird erheblich geringer. Befallene Pflanzen werden einfach entfernt, ohne dass die anderen in ihrem Wachstum gestört werden. Die meisten Anzuchtplatten sind aus viereckigen Töpfchen zusammengesetzt, es gibt außerdem zapfen- und kegelförmige. Aufgrund der geringen Ballengröße ist es wichtig, dass Sie die Pflanzen regelmäßig mit Wasser und Nährstoffen versorgen. Durchgetrocknete Ballen bedeuten in der Regel den Tod für die zarten Pflänzchen!

Anzucht aus Samen

Einfach, preisgünstig und ökologisch sinnvoll: Anzucht in Töpfen aus Zeitungspapier.

Einwegtöpfe

Diese Anzuchtgefäße werden mitsamt den Pflanzen in die endgültigen Pflanzbehältnisse gesetzt, sie können also nicht wiederverwendet werden. Sehr gebräuchlich sind die sogenannten Jiffy-Pots, die in der Regel in zusammenhängenden Platten angeboten werden. Sie bestehen zu 75 % aus Torf sowie aus Bindemitteln und verschiedenen Spurenelementen für die Pflanzenversorgung. An den Wänden werden nach kurzer Zeit die Wurzelspitzen sichtbar. In Jiffy-Pots bilden die Pflanzen ein besonders feines, dicht verzweigtes Wurzelwerk aus, was zu kräftigen und wüchsigen Exemplaren führt. Ein weiterer Pluspunkt dieser Töpfe: Es muss nicht umgetopft werden, sondern die Pflanzen werden direkt in die größeren Töpfe gesetzt. Das vermeidet viel Stress.

Wichtig ist auch hier, dass die Sämlinge regelmäßig und ausreichend Wasser bekommen. Die Töpfe haben ein hohes Quellvermögen und können dadurch sehr gut Wasser speichern.

Bei den sogenannten Torfquelltöpfen handelt es sich nicht im eigentlichen Sinne um Töpfe, sondern um eine Art Substratballen, in den

---

Tipp vom Gartenprofi

Gerade bei Anzuchttöpfen gibt es mittlerweile interessante Alternativen aus Recyclingmaterialien. Ganz einfach kann man aus Zeitungspapier geeignete Töpfe auch selbst herstellen.

Recyclingmaterial: Neben Altpapier und Wellpappe kommen hier Kokosfasern, gepresste Sägespäne oder Kork zum Einsatz. Die Töpfe werden auf die gleiche Weise wie die Jiffy-Pots verwendet.

Eierkartons: Die Unterteile von Eierkartons oder auch die größeren Eierpaletten eignen sich vorzüglich als Aussaatgefäße. Wenn die Sämlinge zu groß sind, schneiden Sie einfach die einzelnen Elemente auseinander, entfernen die Böden und setzen sie mitsamt den Pflanzen in größere Töpfe. Eierkartons sind eine preiswerte Alternative zu Multitopfpaletten und Paperpots.

Mit dem richtigen Zubehör gehen die Aussaatarbeiten noch leichter von der Hand.

man direkt aussät beziehungsweise pikierte Sämlinge umpflanzt. Um das Substrat ist ein Kunststoffnetz gewickelt, das für die nötige Stabilität sorgt. Vor der Verwendung müssen die Töpfe zunächst im Wasser quellen, um ihre endgültige Größe zu erreichen. Dazu werden die Töpfe in eine Schale gelegt und mit Wasser übergossen. Dabei quellen sie bis zum Zehnfachen ihrer ursprünglichen Größe auf. Der Vorgang dauert etwa fünf bis zehn Minuten. Danach kann sofort mit der Aussaat begonnen werden. Später werden die Pflanzen mitsamt dem Netzballen ausgepflanzt. Auch hier gilt: immer gleichmäßig feucht halten.

Eine umweltbewusste Alternative sind Paperpots. Es handelt sich dabei um Einwegtöpfe aus präpariertem Spezialpapier ohne Boden, die vor dem Befüllen mit Anzuchterde in Kisten gestellt werden. Im Laufe der Anzuchtphase löst sich der Kleber auf, der die einzelnen Töpfe zusammenhält, sodass die Pflanze leicht mitsamt dem Topf umgepflanzt werden kann, der dann schnell verrottet.

Die Verwendung von Torf im Hausgarten und Hobbybereich ist wegen des Torfabbaus und der damit verbundenen Umweltzerstörung umstritten. Eine gute Alternative sind Quelltöpfchen aus Kokosfasern, die von den Torftöpfen kaum zu unterscheiden sind.

Anzucht aus Samen

Die beste Erde

Eine entscheidende Rolle für den Aussaaterfolg spielt die richtige Aussaaterde. Im Gegensatz zu den normalen Pflanzsubstraten ist Aussaaterde immer ungedüngt, da die Sämlinge zunächst kaum Nährstoffe benötigen. Zudem muss Aussaaterde keimfrei sein, denn die Sämlinge sind sehr anfällig für Schadorganismen jeglicher Art. Empfehlenswert ist die im Handel erhältliche fertig gemischte Aussaaterde. Allerdings enthalten die meisten dieser Aussaaterden einen hohen Anteil an Torf, doch es gibt auch Alternativen, bei denen Torf durch andere Wasser speichernde Faserstoffe wie etwa Kokosfasern ersetzt wurde. Gerade bei der Wahl der richtigen Erde sollte man nicht am Geld sparen. Qualitätserde ist zwar teuer, wird aber regelmäßig von unabhängigen Institutionen überwacht (Hinweise auf der Verpackung) und ist garantiert keimfrei.

Für die Aussaat kann auch selbst erzeugte Komposterde verwendet werden, die jedoch

Frisch getopfte Erdbeeren benötigen ein gutes Substrat als Starthilfe.

Gute Blumenerde ist feinkrümlig (Topf hinten), weniger gute Erde hat auch grobe Anteile.

mit etwas Sand und eventuell Torf vermischt werden sollte. Außerdem muss selbst gemischte Erde vor der Verwendung sterilisiert werden, um die vorhandenen Mikroorganismen abzutöten, die sonst zu Pilz- und Vireninfektionen der Sämlinge führen können. Dazu füllt man die Erde in hitzefeste Behälter (zum Beispiel Bratfolie) und erhitzt sie im Backofen eine halbe Stunde auf 80 bis 95 °C.

Erde für Balkonpflanzen

Erden für die verschiedensten Pflanzenarten gibt es in Gartencentern zuhauf. Egal ob Gemüse-, Zier- oder Zitrusgewächse, der Kunde hat die Qual der Wahl. Die Spezialerden sind auf die Nährstoffbedürfnisse der jeweiligen Pflanzengruppe abgestimmt, doch meistens gedeihen die Pflanzen auch in einer normalen Erde für Balkonpflanzen gut. Wichtig ist auch hier, eine qualitativ hochwertige Erde zu nehmen, die auch beim Gießen nicht zu sehr verschlämmt und sich verdichtet, sondern locker bleibt. Die Erden sind alle mit einem gewissen Anteil an Nährstoffen angereichert, trotzdem muss aber noch gedüngt werden. Für Pflanzen, die saure Bodenwerte bevorzugen, muss allerdings eine Spezialerde verwendet werden.

Erde von Maulwurfshügeln eignet sich sehr gut als Basis für selbst gemischte Aussaaterde. Mischen Sie dazu einen Teil Maulwurfserde, einen Teil gewaschenen Sand und einen Teil Torf. Diese Mischung eignet sich auch gut als Substrat für die Stecklingsvermehrung.

Aussaatpraxis

Die Wahl der verschiedenen Aussaatmethoden (Breitsaat, Reihensaat, Punktsaat) hängt von der Größe und der Beschaffenheit des Saatgutes ab.

Bei der Breitsaat werden die Samenkörner breitwürfig und möglichst gleichmäßig auf der Aussaatfläche verteilt. Dabei sollte die Verteilung der Samen nur so dicht sein, dass die Keimlinge genügend Platz zur Entwicklung haben, damit sich bis zum Pikieren starke Pflänzchen ausbilden können. Die Samen werden dabei entweder direkt aus der Samentüte geschüttet oder zwischen Daumen und Zeigefinger genommen und ausgestreut (so wie man eine Prise Salz auf einer Speise verteilt). Sehr feines Saatgut wird in Breitsaat ausgesät. Dafür mischt man den Samen am besten 1:1 mit hellem Sand, damit man die Verteilung besser sehen kann und nicht zu dicht ausgesät wird.

Bei der Reihensaat werden zunächst Rillen in die Aussaaterde gezogen, in die dann die Samen gleichmäßig und nicht zu dicht gestreut werden. Durch Klopfen gegen die Samentüte bei gleichbleibender Vorwärtsbewegung werden die Samen im richtigen Abstand in die Rillen gegeben.

Diese beiden Aussaatmethoden eignen sich für die Aussaat in Kisten.

Für die Direktsaat in kleine Einheiten, wie die schon angesprochenen Multitopfplatten, Jiffy-Pots oder kleinen Töpfe aller Art, ist die Punktsaat sinnvoll, bei der jeweils nur ein Samenkorn pro Einheit gesät wird, denn die Pflanzen sollen höchstens einmal pikiert werden, bevor sie an ihren endgültigen Standort kommen. Grobkörniges Saatgut wie etwa Bohnen und Erbsen können auch in Kisten als Punktsaat ausgebracht werden.

Frühbeetkasten für große Aussaaten

Wer einen Garten hat und eine größere Anzahl an Gemüsepflanzen auch für den Balkon heranziehen möchte, sollte die Anschaffung eines Frühbeetes überdenken. Es lässt sich leicht in einem Beet im Garten an geschützter Stelle aufstellen und kann im Frühsommer, wenn es nicht mehr benötigt wird, wieder verschwinden. Frühbeete bestehen aus 30 bis 40 cm hohen Rahmen, die mit Glasscheiben abgedeckt werden. Viele Hersteller bieten fertige Frühbeetkästen an, sie können aber auch leicht selber gebaut werden. Man benötigt dazu lediglich entsprechend hohe Bretter, Winkel und Glas- oder Kunststoffscheiben im Rahmen. Dafür eignen sich sogar alte ausrangierte Fensterscheiben. Wenn die Sämlinge eine entsprechende Größe haben und regelmäßig belüftet werden müssen, werden einfach Abstandhalter zwischen Wände und Glas gelegt. Etwa zwei bis drei

Wochen vor »Inbetriebnahme« des Frühbeetes werden die Abdeckscheiben aufgelegt, damit sich die Erde darunter schon etwas erwärmt und abtrocknet.

Aussaattiefe

Als Faustregel für die richtige Aussaattiefe gilt, dass die Samen so hoch mit Erde bedeckt werden, wie sie dick sind. Sehr feine Samen werden häufig gar nicht mit Erde abgedeckt, sondern nur gut angedrückt. In diesem Fall muss aber besonders darauf geachtet werden, dass die Erde immer gut feucht gehalten wird, sonst vertrocknen die Samen. Einige Pflanzenarten gehören zu den sogenannten Lichtkeimern, dürfen also auf keinen Fall mit Erde abgedeckt werden. Dies ist aber immer auf den Samentüten vermerkt.

Aussaat richtig gemacht

Auch wenn ganz klar ist, in welchen Kisten und kleinen Anzuchttöpfen welche Samen ausgesät wurden: Bringen Sie Stecker oder Etiketten an, damit es später nicht zu Verwechslungen kommt. Wichtig ist auch das Angießen nach der Aussaat. Gröberes Saatgut wird am besten mit einem Brauseaufsatz gegossen, sehr feine Samen, die nicht oder kaum abgedeckt sind, können aber bei dieser Methode leicht aufgeschwemmt werden. Da-

Links:
Durch leichtes Klopfen mit dem Zeigefinger rollen die Samen nacheinander aus der Tüte.

Rechts:
Bohnen vor der Aussaat in Salbeitee vorquellen.

her werden sie am besten mit einem Zerstäuber befeuchtet. Torfquelltöpfe und ähnliche durchlässige Behälter können auch einfach in eine Schale mit Wasser gestellt werden, damit sie sich vollsaugen.

Auch später muss man die Aussaaten regelmäßig wässern. Bei regelmäßiger Kontrolle bekommt man ein Gefühl für den richtigen Zeitpunkt. Wenn die Oberfläche leicht abgetrocknet ist, wird es Zeit für eine erneute Wassergabe. Wird zu lange gewartet, sterben die Keimlinge sehr leicht ab, denn sie haben ja kaum Wurzeln gebildet. Doch auch Staunässe ist der sichere Tod für die zarten Pflänzchen. Als Gießwasser verwendet man am besten abgestandenes zimmerwarmes Wasser. Optimal ist weiches Regenwasser, aber auch Leitungswasser mit einer Temperatur von mindestens 18 °C ist unbedenklich.

Mit Folien oder Scheiben abgedeckte Aussaaten werden, sobald sich die ersten Keimblätter an der Oberfläche zeigen, regelmäßig belüftet. Dazu heben Sie die Abdeckung mithilfe zwischengeklemmter Hölzchen ein wenig an. Sind die Keimlinge dann zu kräftigen Jungpflanzen herangewachsen, werden die Abdeckungen ganz entfernt.

Der richtige Standort

Am besten entwickeln sich Sämlinge an einem hellen, aber nicht direkt sonnigen Standort. Südfenster sind also nur bedingt geeignet, eventuell müssen Sie dort für eine Schattierung während der Mittagsstunden sorgen. Alle anderen Himmelsrichtungen sind uneingeschränkt geeignet. Achten Sie aber darauf, dass die Aussaatgefäße immer möglichst dicht am Fenster stehen. Standorte im Innern des Zimmers sind nur geeignet, wenn Sie zusätzlich spezielle Pflanzenleuchten darüber installieren, die für das nötige Licht sorgen.

Das Pikieren

Bei Flächensaaten ist es Zeit für das Pikieren, also Vereinzeln, wenn sich die ersten richtigen Blätter nach den Keimblättern gebildet haben. Die Sämlinge benötigen nun mehr Platz, um ihre Wurzeln auszubilden und zu kräftigen Jungpflanzen heranzuwachsen. Mithilfe eines Pikierstäbchens oder auch eines kleinen Hölzchens heben Sie die Sämlinge vorsichtig aus der Saatkiste und setzen

Selbst gezogene Schalottensetzlinge können jetzt in Balkonkästen oder Kübel kommen. Die zarten Pflänzchen müssen mit Vorsicht auseinandergezogen und eingepflanzt werden.

Sämlinge können pikiert werden, wenn sich das erste richtige Blattpaar gebildet hat.

Sie entweder wieder in Kisten oder direkt einzeln in Töpfe. Dazu bohren Sie mit dem Pikierstäbchen Löcher, setzen die Pflanzen hinein und drücken sie sanft fest. Die Pflänzchen sollten übrigens so tief in die Erde kommen, dass die Keimblätter knapp über der Erde stehen. Auf diese Weise wird das Wurzelwachstum angeregt und die Pflanzen werden standfester und kompakter. Nach dem Pikieren wässern Sie die Pflanzen vorsichtig mit der Brause.

Das Substrat, in das Sie pikieren, sollte leicht gedüngt sein, denn nun benötigen die Pflanzen auch Nährstoffe für eine weitere gute Entwicklung. Während des weiteren Wachstums geben Sie etwa alle 14 Tage etwas Dünger in das Gießwasser, verwenden Sie aber zunächst nur ein Viertel der auf der Packung angegebenen Menge. Sind die Pflanzen größer, steigern Sie auch die Düngermenge.

Keim- und Kulturtemperaturen

Die meisten Samen benötigen Temperaturen von mindestens 15 °C, damit die Keimung induziert wird. Insofern eignen sich Standorte im Wohnbereich sehr gut für eine Aussaat. Auch in Frühbeetkästen sind ab Mitte April genügend hohe Temperaturen garantiert, und im warmen Kasten lässt die Verrottung der organischen Unterlage die Temperaturen schon zeitig steigen.

Stecklingsvermehrung

Neben der Aussaat, die vor allem bei Ein- und Zweijährigen erfolgreich angewendet werden kann, ist vor allem die Stecklingsvermehrung eine gute Methode, um selbst Pflanzen anzuziehen.

Viele Stauden und Gehölze können durch Stecklinge vermehrt werden, und gerade bei Kräutern, die häufig als verholzende Zwergsträucher wachsen, ist diese Vermehrungsart empfehlenswert.

Der richtige Schnitt

Kopfstecklinge werden von kräftigen halb reifen Trieben geschnitten.

Stecklinge werden meist im Frühling oder im Spätsommer geschnitten. Abhängig von der Pflanzenart unterscheidet man krautige oder leicht verholzte (halb reife) und verholzte (reife) Stecklinge. Halb reife Stecklinge werden von Stauden und Halbsträuchern geschnitten, während reife Stecklinge von Gehölzen abgenommen werden. Die Mutterpflanzen, von denen die Stecklinge geschnitten werden sollen, müssen gesund und kräftig sein, sonst kränkeln auch die Stecklinge.

Wichtig ist, dass die halb reifen Stecklinge weder zu weich noch zu hart sind. Zu weiche Stecklinge faulen leicht, bevor sie überhaupt Wurzeln gebildet haben, zu harte Stecklinge bewurzeln sich ebenso schlecht. Als Faustregel gilt: Die Stecklinge sollten sich zwar leicht mit einem scharfen Messer von der Mutterpflanze trennen lassen, aber es sollte doch ein deutlicher Widerstand beim Schneiden zu spüren sein.

Kopf- und Triebstecklinge

In der Regel werden Stecklinge an den Triebenden abgenommen, man nennt sie dann Kopfstecklinge. Bei längeren Trieben können Sie diese aber auch in mehrere Abschnitte zerschneiden. Die aus den unteren Bereichen

Botanisch wird ein Blattknoten als Nodium bezeichnet. Man erkennt diese Nodien gut, denn es sind die Verdickungen am Trieb, aus denen sich die Blätter entwickeln.

gewonnenen Stecklinge werden als Triebstecklinge bezeichnet. Häufig ist auch der Kopfbereich des Triebes noch zu weich für die Stecklingsgewinnung, sodass man auf die tiefer liegenden Bereiche ausweichen muss. Ansonsten gilt aber für Triebstecklinge das Gleiche wie für Kopfstecklinge: Sie sollten fünf bis zehn Zentimeter lang sein und einige Millimeter unter einem Nodium abgeschnitten werden.

Das Stecken

Stecklinge werden entweder einzeln in Töpfe oder zu mehreren in Kisten gesteckt. Dabei können sie ruhig sehr dicht stehen. Geschnittenes Material sollte nicht länger liegen bleiben, falls aber von der Ernte bis zum Stecken längere Zeit vergeht, stellt man die Stecklinge am besten in ein Gefäß mit Wasser. Als Substrat wird spezielle Vermehrungserde benötigt, die man im Fachhandel bekommt. Sie sollte stets feucht, aber nicht nass gehalten werden.

Eine rasche Bewurzelung kann durch eine Abdeckung der Gefäße mit Glas oder Folie erreicht werden, denn dadurch erhöht man die Luftfeuchtigkeit. Über kleine Töpfe stülpt man beispielsweise Einmachgläser, aber auch durchsichtige Gefrierbeutel sind hierfür geeignet. Nachdem die Stecklinge die ersten Wurzeln gebildet haben, werden die Abdeckungen täglich für eine Weile entfernt, um für eine gute Belüftung zu sorgen und die Pflanzen langsam abzuhärten. Wenn sich neue Blätter bilden, dann haben sich auch Wurzeln entwickelt. Nach einiger Zeit ist es dann wichtig, die neuen Pflanzen einzeln in größere Töpfe umzupflanzen. Auch für regelmäßige leichte Düngergaben sind sie jetzt dankbar.

Mit einem scharfen Messer trennen Sie Stecklinge von verholzenden Kübelpflanzen ab.

Tipp vom Gartenprofi

Werkzeug: Achten Sie beim Schneiden immer auf scharfes Schneidewerkzeug, sonst kommt es zu Quetschungen an der Schnittstelle, an der dann leicht Schadorganismen eindringen und eine gute Bewurzelung verhindern.

Schnitt: Die ideale Länge der Stecklinge beträgt fünf bis zehn Zentimeter, wobei immer vier bis fünf Blattansätze vorhanden sein sollten. Schneiden Sie die Stecklinge einige Millimeter unter einem Blattknoten (Nodium) ab und entfernen Sie das unterste Blatt(paar). In dem Bereich knapp um den Blattknoten herum wird die Wurzelbildung am stärksten angeregt.

Bewurzelung: Die Stecklinge werden anschließend so tief in die Erde gesetzt, dass die Blattknoten unter der Erde liegen, sodass sie sich gut bewurzeln können.

Stecklingsvermehrung

Weiches Regenwasser ist optimal zum Gießen.

Wasser marsch!

Das optimale Wachsen und Gedeihen der Balkonpflanzen hängt von mehreren Faktoren ab: Der Standort muss passen, die richtige Erde muss im Topf sein und vieles mehr. Ganz wichtig und lebensnotwendig ist darüber hinaus die ausreichende und regelmäßige Versorgung mit Wasser. Da der Wurzelraum aller Pflanzen, die in Kästen, Töpfen und Kübeln wachsen, stets begrenzt ist, müssen sie unbedingt regelmäßig gegossen werden, damit ihre Wurzelballen nicht austrocknen.

Gießen Sie Balkonpflanzen am besten morgens und/oder abends. Das Wasser verdunstet sonst zum Teil schon während des Gießvorgangs. Auf keinen Fall sollten die Pflanzen bei voller Sonne mit der Brause gegossen werden, weil die zahllosen Wassertröpfchen wie Brenngläser wirken und zu Verbrennungen an den Blättern führen.

Tägliches Gießen, bei sommerlicher Hitze auch morgens und abends, ist im Hochsommer oft nötig, damit sich die Pflanzen auf Balkon und Terrasse in Hochform präsentieren. Prüfen Sie vor dem Gießen die Feuchtigkeit des Substrates. Wenn die Oberfläche bereits angetrocknet ist, ist es höchste Zeit. Am besten wird großzügig, aber langsam gegossen, damit die Erde nicht herausgeschwemmt wird. Überschüssiges Gießwasser läuft durch die Abzugslöcher am Boden wieder heraus. Falls Sie Untersetzer unter den Pflanzenbehältern haben, schütten Sie das darin stehende Wasser ab, warten Sie aber erst einige Minuten, denn oft saugen die Wurzeln einen Teil des Wassers bis dahin noch auf.

Leitungswasser oder Regenwasser?

Optimal zum Gießen ist natürlich das weiche Regenwasser, zudem sparen Sie auch eine Menge an Wassergebühren, wenn Sie darauf zurückgreifen können. Oft genügt schon eine Regentonne, in der ein Teil des Wassers, das durch die Regenrinne läuft, aufgefangen wird. Eine Regentonne kann allerdings in der

Regel nicht auf dem Balkon aufgestellt werden, weil auch kleine Tonnen mindestens 500 Liter Wasser fassen und sie damit eine zu schwere Last darstellen können. Inzwischen gibt es aber praktische und optisch sehr ansprechende Regensammelbehälter, die am Regenrohr befestigt werden und den Balkonboden nicht durch zusätzliches Gewicht belasten.

Die richtige Gießtechnik

Wer viele Pflanzen zu versorgen hat, weiß, wie viel Arbeit das tägliche Gießen bereitet, besonders wenn zahlreiche Gießkannen zu schleppen sind. Ein Wasserhahn an der Hauswand, an dem der Gartenschlauch angeschlossen wird, erleichtert die Arbeit erheblich. Das tägliche Gießen darf dabei trotzdem nicht vergessen werden.

Praktisch sind Blumenkästen mit Wasserreservoir, die die Gießmenge für etwa zwei Tage speichern. So werden die Pflanzen auch während einer kurzen Abwesenheit gut versorgt.

Automatische Bewässerung

Bequem und zeitsparend sind automatische Bewässerungssysteme. Die Möglichkeiten rei-

Achten Sie darauf, dass Sie die zarten Sämlinge nicht ertränken. Praktisch sind zum Gießen kleine Gummibälge.

Gewächse gleichmäßig und Wasser sparend bewässert.

Ein Nachteil dieses simplen Systems ist, dass die abgegebene Wassermenge stets gleich hoch ist, egal ob es regnet oder ob die Sonne scheint. Natürlich kann die Bewässerung je nach Bedarf an- und abgeschaltet werden, doch gerade während des Urlaubs kann es leicht zu einer Über- oder Unterversorgung mit Wasser kommen.

Dieses Problem ist bei den sogenannten Bewässerungscomputern nicht gegeben. Bei diesen Hightechsystemen wird die Bodenfeuchtigkeit mit Feuchtesensoren, die in die Erde gesteckt werden, kontinuierlich gemessen. Die Durchflussmenge wird den Messungen automatisch angepasst, sodass die Pflanzen auch bei unterschiedlichen Witterungsverhältnissen immer optimal mit Wasser versorgt werden. Lassen Sie sich am besten vor dem Kauf eines Systems die verschiedenen Modelle im Fachhandel ausführlich erklären.

Eine Bewässerungsanlage ist recht aufwendig, besonders die computergesteuerten Varianten sind zudem auch teuer. Hinzu kommt, dass die von Kasten zu Kasten verlaufenden Tropfschläuche sichtbar sind, was nicht sehr schön aussieht. Andererseits ist man durch diese praktischen Lösungen wirklich unabhängig und kann jederzeit verreisen, ohne Freunde und Nachbarn während der Abwesenheit um Hilfe bitten zu müssen.

Eine automatische Tröpfchenbewässerung hält die Pflanzen immer gleichmäßig feucht.

chen dabei vom einfachen Tropfschlauch bis zum computergesteuerten System. Der Tropfschlauch ist im Prinzip nichts anderes als ein perforierter Gartenschlauch, der zwischen die Pflanzen gelegt und an den Wasserhahn angeschlossen wird. Die Durchflussmenge wird durch das Öffnen des Wasserhahns reguliert. Die Länge des Schlauchstücks und die Anzahl der Tropflöcher im Pflanzbehälter bestimmen dabei die Wassermenge, die pro Stunde an die Pflanzen abgegeben wird. So werden die

Kästen mit Wasserreservoir haben in einer Ecke einen Einfüllstutzen für das Gießwasser, das im Innern durch feine Kanäle zu den Wurzeln geleitet wird. Am Stutzen können Sie jederzeit ablesen, ob noch genügend Wasser im Reservoir ist. Gegossen wird immer bis zum oberen Rand.

Besonders durstige Pflanzen wie Tomaten freuen sich über ein zusätzliches Wasserreservoir.

Depotdünger kommt mit dem Einpflanzen in die Erde, er gibt die Nährstoffe kontinuierlich über längere Zeit ab.

Die beste Düngung

Neben der Bewässerung spielt auch eine auf das Pflanzenwachstum abgestimmte Düngung eine wichtige Rolle, damit die Pflanzen kräftig wachsen und fruchten. Um lang anhaltende Blütenpracht und auch guten Ertrag zu bringen, benötigen sie regelmäßige und ausreichende Düngergaben. Im Handel erhalten Sie Dünger in den verschiedensten Zusammensetzungen und Darreichungsformen.

Düngerformen

Grundsätzlich wird zwischen organischen und mineralischen Düngern unterschieden. Organische Dünger werden aus pflanzlichen oder tierischen Materialien hergestellt. Sie wirken langsam und gleichmäßig, da sie nach und nach von im Boden lebenden Mikroorganismen zersetzt werden, sodass die Pflanzen die enthaltenen Nährstoffe nutzen können. Bei höheren Temperaturen arbeiten die Mikroorganismen schneller, bei niedrigen Temperaturen entsprechend langsamer. Auf jeden Fall dauert es drei bis vier Wochen, bis die Pflanzen den aufgebrachten Dünger aufnehmen können. Zur Gruppe der organischen Dünger gehören zum Beispiel reifer Kompost, Hornspäne oder Rinderdung.

Mineralische Dünger sind hingegen wasserlöslich und für die Pflanzen sofort verfügbar. Sie sind in verschiedenen Mischungen oder auch als einzelne Mineralien erhältlich. Phosphat, Kali und Stickstoff und Magnesium gehören in die Gruppe. Neben rein organischen oder mineralischen Düngern sind auch Mischungen erhältlich, sogenannte organisch-mineralische Dünger. Sie wirken schnell und gleichzeitig lang anhaltend.

Wer sich die regelmäßige Düngung ersparen will, kann auch Depotdünger verwenden. Dabei sind die Wirkstoffe in Trägersubstanzen eingelagert, werden nach und nach freigesetzt und können von den Pflanzen aufgenommen werden. Auf diese Weise brauchen Sie nur alle paar Wochen zu düngen. Lesen Sie aber auch hierbei sorgfältig die Herstellerangaben zur richtigen Dosierung. Depotdünger sind meistens von körniger Substanz. Es gibt aber auch Kegel und Stäbchen, die in die Erde gesteckt werden.

Dünger ist in den unterschiedlichsten Dosierungen und Zusammensetzungen auf dem Markt.

Links:
Schnell wirkender Flüssigdünger wird in das Gießwasser eingefüllt.

Rechts:
Wichtig: auf die richtige Dosierung achten.

Die beste Düngung

Krankheiten und Schädlinge vermeiden

In den jeweiligen Kapiteln und einzelnen Sortenbeschreibungen wird gegebenenfalls auf verschiedene Krankheiten und Schädlinge hingewiesen. Ganz allgemein gilt es, die Pflanzen auf dem Balkon regelmäßig zu kontrollieren, um schon bei Befallsbeginn handeln zu können. Pflanzenbrühen, die man selbst herstellen kann, die es aber auch zu kaufen gibt, sind außerdem ein sehr gutes Mittel, um die Pflanzen widerstandsfähig zu machen und sie gesund zu erhalten.

Schädlingskontrolle

Sind erste Kennzeichen für einen Befall mit Schädlingen oder Krankheiten an der Pflanze erkennbar, z.B. Fraßstellen oder Blattflecken, reicht es meist aus, die befallenen Pflanzenteile abzuschneiden. Blattläuse in geringer Zahl können leicht mit den Fingern abgestreift werden, bevor sie sich zu größeren Kolonien vermehrt haben. Pflanzenschutzmittel aller Art kommen so erst gar nicht zum Einsatz.

Ist ein größerer Befall erkennbar, sollten die Pflanzen etwas isoliert gestellt werden, damit die anderen auf dem Balkon nicht auch noch in Mitleidenschaft gezogen werden. Eine warme Dusche, bei der gründlich jedes Blatt und jede Blüte abgebraust wird, schafft dann häufig Abhilfe. Drehen Sie die Blätter beim Abbrausen vorsichtig um, denn häufig ist auch die Blattunterseite befallen.

Zur Vorbeugung

Pflanzenbrühen haben sich als vorbeugende Maßnahmen sehr bewährt. Beispiele hierfür sind Brennnesselbrühe und Neem-Präparate.

Brennnesseljauche selber herstellen:
- 1 Kilo frische Brennnesseln
- 10 Liter Wasser

Die Brennnesseln in dem Wasser zwei bis vier Tage ziehen lassen, danach den Sud durch einen Filter abgießen. Am besten füllt man die Flüssigkeit in einen verschließbaren Behälter, denn die Jauche riecht ziemlich unangenehm. Zum Gießen im Verhältnis 1:10 mit Wasser verdünnen.

Pilzerkrankungen
Grauschimmel (Botrytis)

Befallene Pflanzen wirken wie mit einer mehligen grauen Schicht eingestäubt. Blüten verkleben, vertrocknen und fallen als graue Mumien ab. Grauschimmel entsteht vor allem bei feuchtem Wetter. Befallen werden immer nur die weichen Teile wie junge Triebe und Knospen. Befallene Pflanzenteile sollten umgehend abgeschnitten werden, bevor sich der Pilz weiter ausbreitet. Ungefüllte Blüten sind sehr viel weniger anfällig für Botrytis als dicht gefüllte, die sich bei nassem Wetter schlecht öffnen und damit dem Pilz eine ideale Brutstätte bieten.

Echter Mehltau entwickelt sich dagegen als schmutzigbräunlicher Belag auf der Blattoberseite. Er ist ein sogenannter Schönwetterpilz, dessen Sporen durch die Luft übertragen werden und der insbesondere bei trockenem Wetter auftritt. Auch eine überhöhte Stickstoffdüngung fördert den Befall. Besonders betroffen sind Gurken, Möhren und Schwarzwurzeln. An Obstgehölzen treten der Apfelmehltau und der Amerikanische Stachelbeermehltau auf.

Bei leichtem Befall mit Mehltaupilzen schneidet man die befallenen Partien großzügig ab. Oft genügt es bei Befall mit Falschem Mehltau auch, die Pflanzen an einen Standort zu stellen, an dem eine bessere Luftzirkulation herrscht, sodass die Feuchtigkeit schneller abtrocknet.

Von Mehltau befallene Salbeiblätter sind nicht appetitlich. Befallene Triebe sollten Sie umgehend entfernen.

Mehltau

Man unterscheidet zwischen Falschem und Echtem Mehltau. Beim Falschen Mehltau entwickelt sich der gräuliche Pilzrasen auf der Blattunterseite. Auf den Blättern bilden sich meist gelbe Flecken. Vor allem wenn die Blätter nass sind, können die Sporen leicht in die Spaltöffnungen der Pflanzen eindringen. Der Pilz breitet sich bei feuchtem Wetter besonders stark aus. Radieschen, Rettich, Meerrettich, Schwarzwurzeln, Kopfsalat, Erbsen, Feldsalat, Kohlgewächse, Spinat, Zwiebeln und Weinreben werden vor allem von diesem Pilz infiziert.

Rußtau

Bei dieser Pilzerkrankung bilden sich an den Blättern dunkelbraune oder schwarze Flecken. Meist tritt er als Folge von Blattlausbefall auf. Auf dem von den Tieren ausgeschiedenen Honigtau siedelt sich der Pilz bevorzugt an. Zur Bekämpfung können ökologisch vertretbare Präparate auf Kaliseifenbasis zum Einsatz kommen. Die Pflanzen werden damit mehrmals gründlich eingesprüht.

Tabakmosaikvirus

Diese gefürchtete Krankheit wird durch Viren übertragen. Auf den Blättern entstehen Fle-

Blattläuse siedeln sich mit Vorliebe an den jungen weichen Trieben an.

cken, die wie ein Mosaik das ganze Blatt überziehen. Die Blattadern treten hervor und auf den Früchten können eingesunkene braune Flecken entstehen. Die Blätter sterben nach einiger Zeit ab. Die befallenen Pflanzen bleiben im Wachstum zurück und können unter Umständen sogar ganz eingehen.

Tierische Schädlinge

Neben den Pilzkrankheiten setzen auch saugende und beißende Insekten den Pflanzen zu. Besonders Blattläuse und Milben können bei hohem Befallsdruck starke Schäden anrichten. Zum Glück kommt es aber meist nicht so weit, denn die Natur schafft oft von sich aus einen Ausgleich. So sind z. B. Blattläuse die Lieblingsspeise der Marienkäferlarven, und der Nachwuchs von Meisen und Co. vertilgt große Mengen von Raupen.

Blattläuse

Es gibt unzählige Arten von Blattläusen, die sich auf bestimmte Pflanzen spezialisiert haben. Sie saugen Pflanzensäfte der jungen Triebe aus und schwächen damit die gesamte Pflanze. Zudem geben manche Blattlausarten beim Anstechen des Pflanzengewebes giftige Stoffe ab, die zu Verkrüppelungen der Blätter

Mit einer großen Vielfalt an Pflanzenarten und einer naturnahen Pflege können Sie auch auf dem Balkon Nützlinge fördern, die Ihnen im Kampf gegen Blattläuse & Co. sehr behilflich sein können.

und Knospen führen. Blattläuse können außerdem durch ihre Saugtätigkeit verschiedene Viren übertragen, die dann zu zusätzlichen Schäden führen. Auf ihren zuckerhaltigen Ausscheidungen siedeln sich oft Rußtaupilze an, die die Blattoberflächen verkleben, auch dies führt zu deformierten und verkümmerten Blättern.

Ameisen ernähren sich bevorzugt von den zuckerhaltigen Ausscheidungen, sodass bei einem hohen Blattlausbefall auch vermehrt mit Ameisen zu rechnen ist.

Am besten wählt man blattlausresistente Sorten, dann werden die Schädlinge erst gar nicht zum Problem.

Weiße Fliege

Ein anderer weitverbreiteter Schädling ist die Weiße Fliege. Besonders in warmen trockenen Sommern tritt sie verstärkt auf. Die flugfähigen Insekten werden etwa 1,5 Zentimeter lang. Sie sind leicht zu erkennen, wenn sie durch Bewegen der Pflanze aufgeschreckt werden. Die erwachsenen Tiere legen zahlreiche Eier, deren Larven innerhalb von drei Wochen wieder zu erwachsenen Tieren heranwachsen. Die Blätter der befallenen Pflanzen werden gelbfleckig, dazu siedeln sich auf dem ausgeschiedenen Honigtau leicht Rußtaupilze an.

Eine Bekämpfung mit relativ ungiftigen Neem-Präparaten ist möglich, die Spritzungen müssen jedoch häufig wiederholt werden, da nur die Larven abgetötet werden. Eine gute Möglichkeit zur Bekämpfung ist das Anbringen von Gelbtafeln direkt an den Pflanzen. Die flugfähigen erwachsenen Tiere werden angelockt und bleiben an der klebrigen Oberfläche hängen.

Schmierseifenbrühe gegen Weiße Fliege:
- 300 g Schmierseife
- ½ Liter Brennspiritus
- 1 Esslöffel Salz und
- 1 Esslöffel kohlensaurer Kalk

Die Zutaten kommen in einen Eimer mit zehn Liter Wasser und werden gut vermischt. Bei bedecktem Wetter können die befallenen Pflanzen mit reichlich Schmierseifenbrühe besprizt werden.

Schmierseifenbrühe ist ein altes, wirkungsvolles Mittel gegen saugende Schädlinge.

Krankheiten und Schädlinge vermeiden

Natürliche Feinde fördern

Links: Im umgedrehten, gut gepolsterten Tontopf verkriecht sich der Ohrenkneifer gerne tagsüber.

Rechts: Insektenhotels gibt es im Handel fertig zu kaufen.

Käfer, Wanzen und Co. können bei starkem Befall durch ihre Fraßtätigkeit erhebliche Schäden an Blättern und Knospen verursachen. Sie werden am besten in den frühen Morgenstunden abgesammelt. Auch eine vogelfreundliche Umgebung mit genügend Brutmöglichkeiten trägt dazu bei, den Befall in Grenzen zu halten.

Für Florfliegen, Schlupfwespen und Marienkäfer gibt es im Handel spezielle Nistkästen, sogenannte Insektenhotels. Selbst auf dem Balkon findet man einen Platz dafür.

Marienkäfer gehören zu den Nützlingen. Sie vertilgen große Mengen an Blattläusen.

Nützlinge im Überblick		
Nützling	Wirksam gegen	Anmerkungen
Florfliege	Blattläuse, Thripse	Eine Larve vertilgt bis zu 500 Blattläuse
Marienkäfer	Blattläuse	Die Larven werden wegen ihres enormen Appetits auch Blattlauslöwen genannt
Raubmilbe	Spinnmilben	Raubmilben vertilgen auch die Eier der Spinnmilben
HM-Nematoden	Dickmaulrüssler, verschiedene Käfer (Larven)	Dringen in die Larven und Puppen ein und töten sie dadurch ab
Schlupfwespe	Weiße Fliege	Verschiedene Arten haben sich auf bestimmte Schädlinge spezialisiert, die sie parasitieren

GEHÖLZE UND MEHR – ZUM NASCHEN UND ERNTEN

Bitte zugreifen

Bei dem Begriff Obstbaum denken die meisten Menschen nach wie vor an Streuobstwiesen mit ausladenden Apfelbäumen oder an den klassischen Obstbaum im Hausgarten. Solche Bäume sind für die heute üblichen Gartengrößen natürlich viel zu starkwüchsig. Doch die Züchter und Baumschulen haben sich darauf eingestellt, dass immer weniger Platz zur Verfügung steht. Sie haben sich in den letzten Jahren verstärkt kleinwüchsiger Sorten angenommen, sodass heute bereits viele interessante Sorten zur Verfügung stehen. Viele der modernen Züchtungen sind so schwachwüchsig, dass man sie sogar dauerhaft im Kübel kultivieren kann. Damit sind sie ideal für den Balkon.

Daneben bieten sich natürlich fast alle Beerenobstarten für die Kübelkultur an, von den Klassikern wie Stachel- und Johannisbeeren über eher seltener angepflanzte Blau- und Preiselbeeren bis hin zu Exoten wie beispielsweise Andenbeeren, die nicht winterhart sind und daher jedes Jahr neu aus Saatgut herangezogen werden.

Damit sind die Möglichkeiten aber noch lange nicht ausgeschöpft. Viele Obstsorten lassen sich am Spalier heranziehen und benötigen auf diese Weise nur ganz wenig Platz. Moderne Züchtungen unter den Himbeeren wachsen in einem ausreichend großen Container sehr gut und begeistern durch eine riesige Fülle an wohlschmeckenden Früchten. Ihnen reicht auch ein niedriges Spalier an der Hauswand oder eine ähnliche Stütze, an der sie aufgebunden werden können. Auch Weintrauben gedeihen ganz vorzüglich auf dem Balkon, besonders wenn er sich durch eine exponierte Südlage auszeichnet und die Pflanzen dort richtig Sonne tanken können. Durch einfache Schnittmaßnahmen lässt sich ihr Wachstum gut begrenzen.

Erdbeerlust

Auch in Balkonkästen und Blumenampeln wächst eine leckere Ernte heran. Erdbeeren benötigen nicht viel Platz, sodass in einem einzelnen Balkonkasten durchaus drei kräftige Pflanzen gedeihen können. Sie können schon früh im Jahr ausgepflanzt werden und schmücken den Balkon im Frühling mit ihren schönen Blüten.

In Blumenampeln und Hanging Baskets sehen Hängeerdbeeren nicht nur schön aus, sondern entwickeln an ihren Trieben zahlreiche köstliche Früchte, die genau in der richtigen Höhe sind, um direkt von der Hand in den Mund zu wandern. Am besten eignen sich Drahtgestelle, die mit Kokosmatten oder anderem organischem Material ausgelegt und dann mit Erde befüllt werden. Eine Bepflanzung ist so auch an den Seiten möglich, indem man das Material aufschneidet und kleine Erdbeerpflanzen hineinsetzt.

Schön und zweckmäßig: eine Ampel bepflanzt mit Hängeerdbeeren.

Bitte zugreifen

Rechte Seite: Auch zur Blütezeit sind Obstbäumchen eine Zierde auf dem Balkon.

Kleine Bäume – großer Geschmack

Als kleinformatige Bäume finden die Klassiker wie Äpfel, Birnen, Kirschen, Zwetschgen und Pfirsiche einen passenden Platz auch auf dem kleinsten Balkon. Dass kleine Bäume auch kleine Früchte tragen, das stimmt allerdings nicht. Im Gegenteil, viele dieser Zwerg- und Minisorten punkten mit großen Früchten, die geschmacklich nicht hinter ihren »großen Brüdern« aus dem Garten zurückbleiben.

Wie stark Obstbäume wachsen, hängt im Wesentlichen von der Unterlage ab, auf der sie veredelt werden. Für die kleinwüchsigen Bäume, die sich für die Kultur im Kübel eignen, werden in der Baumschule extrem schwachwüchsige Unterlagen verwendet. Auf diese werden dann die Edelreiser der jeweiligen Sorten veredelt. Nicht jede Sorte eignet sich für die Veredelung auf schwachwüchsigen Unterlagen, aber gerade viele der neuen Sorten wurden speziell im Hinblick auf die Eignung gezüchtet, auf solchen Unterlagen reichlich wohlschmeckende Früchte auszubilden. Besonders zahlreich waren die Züchtungserfolge der letzten Jahre bei den Äpfeln. Hier stehen uns heute gesunde und robuste Sorten mit wohlschmeckenden Früchten zur Verfügung. Auch die gesamte Bandbreite der Erntezeit wird durch diese neuen Sorten abgedeckt.

Ein Traum kann wahr werden – Pfirsiche vom eigenen Balkon.

GEHÖLZE UND MEHR – ZUM NASCHEN UND ERNTEN

Ein gemütlicher Balkon-Sitzplatz, eingerahmt von verschiedenen Obstbäumchen.

Die frühesten Sorten reifen bereits im Juli und eignen sich gut zum Frischverzehr, denn sie sind in der Regel nicht lagerfähig und schmecken am besten frisch vom Baum. Daneben gibt es aber auch viele Sorten, die im Herbst geerntet werden, dann natürlich auch sofort verzehrt werden dürfen, aber die bis zu mehreren Monaten lagerfähig sind.

In den Lustgärten früherer Schlösser und Herrenhäuser waren mit Spalierbäumchen bepflanzte Wände und Mauern sehr beliebt, als formale Elemente korrespondierten sie auch gut mit den beliebten Parterrepflanzungen aus Buchsbaum und den umgebenden streng geschnittenen Hecken.

Guter Ertrag auf kleinstem Raum

Für den Balkon sind Niederstämmchen und Säulenformen ideal. Neben diesen klassischen Bäumchen, die eine richtige Krone aufbauen und daher eigentlich wie verkleinerte große Bäume aussehen, gibt es auch Sorten, die säulenförmig wachsen. Das wiederum liegt nicht an der Unterlage, sondern an den speziellen Wuchseigenschaften der darauf veredelten Sorte. Wenn mehrere Bäume zusammenstehen können, ist das immer von Vorteil, denn die Ernte fällt höher aus, wenn sich die Sorten gegenseitig befruchten können. Bei Äpfeln gibt es keine Sorten, die selbstfruchtbar sind, sie brauchen als Be-

Spalierobst in Doppel-U-Form, wie dieser Apfel, ist ein echter Hingucker.

Kleine Bäume – großer Geschmack

Eine Stütze aus Bambusstäben hält die Seitenäste in der Waagerechten.

fruchter immer eine zweite Sorte, ebenso wie bei Birnen. Bei Kirschen, Pfirsichen, Pflaumen und etlichen anderen Obstarten kommt es auch bei Einzelstellung zu Fruchtansatz, in jedem Fall ist die Ernte aber höher, wenn mehrere verschiedene Sorten nebeneinanderstehen. Natürlich eignen sich auch die Bäume in der Nachbarschaft, sofern dort welche stehen, als Befruchter.

Eine andere Möglichkeit, Obstbäume platzsparend im Garten und natürlich auch auf dem Balkon unterzubringen, ist die Erziehung als Spalierbäumchen. Dazu werden jeweils nur Äste und Zweige, die in einer Ebene wachsen, an der Pflanze belassen, alle anderen werden komplett zurückgeschnitten. Auf diese Weise erhält man mehr oder weniger zweidimensionale Bäume, die aber in jedem Fall eine Stütze benötigen beziehungsweise ein Drahtgestell, an dem die Zweige im gewünschten Winkel befestigt werden. Besonders dekorativ sehen Spalierbäumchen an Wänden aus.

Zudem haben Wände den Vorteil, dass sie als Wärmespeicher fungieren und auf diese Weise empfindliche Obstarten wie beispielsweise Pfirsiche genügend Wärme abbekommen, um auszureifen. Das funktioniert natürlich auch an der Rückwand eines sonnig gelegenen Balkons.

Auch ein diagonales Ineinanderflechten der Fruchtäste ist möglich.

Verschiedene Wuchsformen

Auch bei den anderen Obstarten sind gerade in den letzten Jahren zahlreiche neue Sorten auf den Markt gekommen, die besonders gut als kleine Bäumchen kultiviert werden können.

Niederstämmchen oder Spindelbüsche: Der Stamm ist maximal einen Meter hoch, sodass der ganze Baum nicht höher als anderthalb Meter wird. Bedingt durch die Unterlage, wachsen die Bäumchen aber extrem langsam und erreichen ihre endgültige Höhe erst nach Jahren. Gerade bei Pfirsichen und Nektarinen gibt es echte Zwergbäumchen, die noch nach vielen Jahren nicht höher als einen Meter werden.

Säulenformen: Bei den säulenförmig wachsenden Sorten werden nur sehr verkürzte Seitentriebe ausgebildet, daher sieht es beinahe so aus, als wüchsen die Früchte direkt am Stamm. Säulenobst ist ideal für die Kultivierung im Kübel, denn durch die kurzen Seitenäste lassen sich die Pflanzen recht dicht nebeneinanderstellen, sodass Sie auch auf kleinstem Raum gleich mehrere Sorten kultivieren können.

Kleine Bäume – großer Geschmack

Äpfel zum Anbeißen

Dadurch, dass heute so viele verschiedene Obstarten auch als platzsparende Miniversionen erhältlich sind, kann man auf dem Balkon gleich mehrere Varianten des Lieblingsobstes kultivieren. Ganz oben auf der Hitliste beim Obst steht der Kultur-Apfel (Malus domestica). »One apple a day keeps the doctor away.« So übertrieben ist dieser Spruch gar nicht, denn ein Apfel hat aus ernährungsphysiologischer Sicht die ideale Zusammensetzung an Vitaminen, Mineralstoffen und Spurenelementen. In letzter Zeit entdeckten die Forscher sogar noch weitere Inhaltsstoffe, die besonders wichtig zur Abwehr der sogenannten freien Radikale sind, die unter anderem für die Schädigung von Körperzellen verantwortlich sind. Ebenso enthalten sind Karotinoide, die einen gewissen Schutz vor UV-Strahlung bieten. Äpfel enthalten zwar viel Zucker, aber in Form von Frucht- und Traubenzucker, zudem gibt es auch besonders zuckerarme Sorten, die für Diabetiker gut geeignet sind. Und

'Arbat' und auch andere sehr gut tragende Apfelbäume neigen zu Alternanz. Das heißt, sie bringen nur jedes zweite Jahr den vollen Ertrag. Um das zu vermeiden, sollten immer schon frühzeitig kleine Früchte entfernt werden. Dadurch wird nicht nur der Alternanz vorgebeugt, sondern es entwickeln sich auch größere Früchte.

Bald sind die Äpfel reif. Für viel Farbe sorgen dazugestellte Sommerblumen und Stauden in Kübeln.

Äpfel zum Anbeißen

sogar Inhaltsstoffe, die Darmkrebs verhindern helfen, konnten im Apfel nachgewiesen werden.

Die hier vorgestellten Apfelsorten eignen sich besonders gut für eine Kultur im Topf beziehungsweise auf dem Balkon. Sie gedeihen und fruchten entweder in Säulenform oder als schwachwüchsige Bäumchen viele Jahre im Kübel.

Harmonie: ein blühender Apfelbaum, unterpflanzt mit farblich harmonierenden Frühlingsblühern.

'Arbat'

Die Sorte ist eine wertvolle Neuzüchtung aus Russland, die besonders robust und zudem schorfresistent ist. Ihre Früchte reifen ab Anfang September, sie schmecken am besten frisch direkt vom Baum und sind nur eine begrenzte Zeit lagerfähig. Die gelborangen Äpfel haben einen sehr aromatischen, eher süßen Geschmack und festes, aber saftiges Fruchtfleisch.

Wie die anderen Säulenäpfel macht sich auch diese Sorte sehr schmal mit nur ganz kurzen Seitentrieben, sie wächst ohne Schnitt bis drei Meter hoch, kann aber bei Bedarf auch entsprechend zurückgeschnitten werden.

'Berbat'

Ein besonders robuster Säulenapfel ist diese in Frankreich gezüchtete Sorte. Ihre Früchte sind sehr groß, schmecken besonders süß ohne säuerlichen Unterton. Das Fruchtfleisch ist locker. Damit ist 'Berbat' der ideale Apfel besonders für Kinder und für Menschen, die Fruchtsäure nicht so gut vertragen. Ab Mitte September können Sie ernten, die Äpfel lassen sich sofort verzehren, aber auch bis Mitte November lagern. Da diese Sorte recht starkwüchsig ist, benötigt sie einen ausreichend großen Kübel. Ein Einkürzen in der Höhe sollte sehr vorsichtig vorgenommen werden, da 'Berbat' sonst zu stärkerem Breitenwachstum neigt. Seitentriebe können im Juni oder Juli gestutzt werden.

Auch an kleinwüchsigen Obstbäumen wachsen große Früchte.

Äpfel zum Anbeißen

Rechte Seite: Säulenobst benötigt nur ganz wenig Platz. So können auch mehrere Sorten auf dem Balkon untergebracht werden.

Die Apfelsorte 'Red River' ist ein hervorragender Befruchter für andere Apfelsorten, besonders auch für andere Säulenäpfel. Sie zählt deshalb zu den Favoriten unter den schwachwüchsigen Apfelbäumen.

'Red River'

Diese Sorte ist bereits seit einigen Jahren im Handel und hat sich sehr bewährt. Sie ist äußerst robust und als eine der wenigen Sorten mehrfach resistent gegen Mehltau und auch Schorf. Zudem ist sie besonders frosthart und entgeht darüber hinaus durch ihre sehr späte Blüte im Mai eventuellen Spätfrösten. Ab September sind ihre sehr großen, leuchtend roten Früchte erntereif. Die Äpfel sind vom Geschmack her mild mit wenig Säure und können nach der Ernte sofort gegessen werden, am besten schmecken sie aber nach einer kurzen Lagerzeit von vier Wochen, sie halten sich bis Ende November.

'Blue Moon'

Der Säulenapfel aus französischer Züchtung fällt besonders durch seine großen und außergewöhnlich gefärbten Früchte auf. Sie sind von einem dunklen Violettblau, die Schale ist dabei von einer zarten Wachsschicht überzogen, die die Äpfel beinahe schon etwas geheimnisvoll erscheinen lässt. Das Fruchtfleisch ist saftig, nicht zu fest, und der Geschmack süßsäuerlich, aber trotzdem recht mild. Die Früchte reifen im August aus, können sofort frisch verzehrt, aber auch ein bis zwei Monate gelagert werden. Bei 'Blue Moon' handelt es sich um einen sehr schlanken Säulenapfel, der kaum Seitenäste ausbildet, dabei zuverlässig jedes Jahr reichlich Früchte ansetzt und in einem ausreichend großen Kübel bis zu drei Meter hoch werden kann. Durch Schnittmaßnahmen lässt er sich aber auch gut in seiner Höhe begrenzen.

'Garden Fountain'

Besonders dekorativ bei dieser Sorte sind die mittelgroßen, leuchtend rotbackigen Äpfel, die ab September reifen und die bis November gelagert werden können. Die Früchte sind mild, aber fruchtig mit einem ausgewogenen süßsäuerlichen Geschmack.

'Sonate'

Eine weitere Sorte mit sehr guter Schorfresistenz ist 'Sonate'. Die Früchte sind ab September reif und können dann auch sofort gegessen werden, lassen sich aber auch bis Dezember lagern. Vom Geschmack her sehr ausgewogen, sind die Äpfel besonders saftig und vom Fruchtfleisch her mittelfest und feinzellig. Die Schale ist in Bezug auf die Farbe eher unspektakulär: grünlich gelb mit ein wenig verwaschenem Rot auf der Sonnenseite.

'Pomgold'

Wer knackige grüngelbe Äpfel mit Biss liebt, wird sich für 'Pomgold' begeistern können. Das Aroma der Äpfel ist so, wie ihr Aussehen es verspricht: saftig, feinsäuerlich und sehr aromatisch. Die Erntezeit liegt bei Mitte September, die Früchte können Sie auch kurze Zeit einlagern, am besten schmecken sie aber frisch vom Baum. Ein großes Plus von 'Pomgold' ist seine Robustheit. Er ist hochtolerant gegen Schorf, Krebs und Fruchtfäule und somit der ideale Baum für den heimischen Balkon.

'Dzin'

Diese Sorte ist eine echte Schönheit, nicht nur was die Früchte betrifft, sondern auch durch ihr sehr großes, absolut gesundes Laub. 'Dzin' ist eine Schwestersorte von 'Arbat'; beide Sorten haben die gleichen Eltern. Ab Anfang September sind die sehr großen flachrunden, leuchtend rot geflammten Äpfel erntereif, sie können gleich verzehrt werden, lassen sich aber auch bis Oktober lagern. Geschmacklich sind die Äpfel als süß und mild zu beschreiben, aber trotzdem ausgewogen durch einen spürbaren Anteil an Säure. Ihr Fruchtfleisch ist sehr saftig und nicht zu fest im Biss.

'Lancelot'

Die beliebteste Sorte hierzulande ist ja immer noch 'Elstar', eine Sorte, die recht pflegeintensiv ist und sich absolut nicht für den Hausgarten eignet. Vom Geschmack her fast identisch ist die neue säulenförmig wachsende Sorte 'Lancelot', die dazu noch sehr

robust ist und kaum von Schorf, Krebs oder Fruchtfäule heimgesucht wird. Die Sorte blüht erst recht spät im Frühjahr und ist dadurch auch kaum spätfrostgefährdet. Die grüngelben, rot geflammten Äpfel sind mittelgroß und fast rund, reifen ab Mitte September und lassen sich bis ins folgende Jahr hinein lagern. Ihr Geschmack ist fruchtig mit leichter Säurebetonung, knackig und saftig.

'Cactus'

Wer das Besondere liebt, wird sich für diese Sorte begeistern. Schon im Wuchs unterscheidet sich 'Cactus' von den anderen Säulenapfelbäumen. Seine kurzen Seitenäste nehmen mitunter bizarre Wuchsformen an, die Bäume erinnern in unbelaubtem Zustand tatsächlich ein wenig an die bekannten Wüstenkakteen mit ihren nach oben gebogenen »Armen«. Ansonsten zeichnet sich die Sorte durch ihre Robustheit aus, sie ist tolerant gegen Schorf und Mehltau. Die Äpfel reifen ab Mitte September, sind mittelgroß, fast rund und grüngelb, an der Sonnenseite auch leuchtend gelb. Direkt nach der Ernte ist ihr Fruchtfleisch mittelfest, im Laufe der Lagerung, die bis Dezember möglich ist, wird es weicher und feinzelliger, bleibt aber immer schmackhaft.

Neue Obstsorten sind in den Baumschulen immer rar. Wenn Sie sich eine besondere Sorte ausgesucht haben, sollten Sie sich diese in der Gärtnerei oder der Baumschule vorbestellen.

'Merlin'

Ein extrem kompakter, streng säulenförmiger Wuchs zeichnet 'Merlin' aus, die dazu noch besonders schwachwüchsig ist. Zusammen mit einer hohen Toleranz gegen Schorf, Mehltau, Feuerbrand und Krebs macht dies 'Merlin' zu einer idealen Sorte für die Balkonbepflanzung. Die Äpfel reifen ab Mitte September, sie schmecken am besten ab Oktober und lassen sich in einem kühlen Lager auch bis Dezember aufbewahren. Die Früchte sind mittelgroß und länglich-kugelig, gelblich grün mit einer ausgeprägten roten Deckfarbe.

Solch prachtvolle Äpfel verleiten zum Anbeißen.

Tipp vom Gartenprofi

Schnitt- und Pflegemaßnahmen von Gehölzen, die in Kübeln kultiviert werden, fallen nur wenige an.

Schnitt: Üblicherweise sind kaum Schnittmaßnahmen nötig, nur wenn sich einmal längere Seitentriebe ausbilden, werden diese im Sommer auf acht bis zehn Zentimeter eingekürzt. Schießen kleine Bäume zu sehr in die Höhe, können sie im Sommer eingekürzt werden. Ideal für Bäume in Containern ist eine Höhe von zwei Metern.

Pflege: Im Kübel können die Apfelbäumchen nur begrenzt Wurzeln ausbilden, daher ist es wichtig, dass sie regelmäßig gewässert und zudem im Frühling mit einem organischen Langzeitdünger mit den nötigen Nährstoffen versorgt werden. Apfelbäume sind winterhart, trotzdem ist es sinnvoll, den Wurzelballen vor starken Frösten zu schützen. Dazu eignen sich Noppenfolien oder Schaumstoffe, die man um den Kübel herumwickelt. Wer das nicht dekorativ genug findet, kann den Kübel auch in einen größeren Kübel stellen und die Zwischenräume entsprechend mit dem Material auspolstern. Ebenso bieten sich farbige Säcke aus Jute oder anderen wettertauglichen Materialien an, die einfach über den Kübel samt Winterschutz gestülpt werden. Wichtig: den Wurzelballen vor dem Durchfrieren bewahren. Die Bäume müssen auch in frostfreien Perioden unbedingt gegossen werden, denn im Winter sterben mehr Bäume durch Trockenheit ab als durch Frost.

Zart schmelzende Birnen

Auf der Beliebtheitsskala der Obstsorten kommen Birnen *(Pyrus communis)* gleich nach den Äpfeln. Duft und Aroma reifer Birnen sind kaum von einer anderen Frucht zu übertreffen. Im Gegensatz zu Äpfeln enthalten die Früchte der Birnen kaum Säure, was sie gerade für Menschen mit empfindlichem Magen besonders wertvoll macht. Dazu kommt ein Fruchtfleisch von überaus zarter Konsistenz. Bei einigen Sorten wird das Fruchtfleisch bei Vollreife so weich, dass es fast auf der Zunge zergeht. Diese Eigenschaft führt allerdings auch dazu, dass nur wenige Birnensorten im Handel erhältlich sind. Denn bis auf einige wenige, eben speziell für den Handel gezüchtete Sorten sind Birnen nur begrenzt transport- und lagerfähig. Die wohlschmeckendsten Sorten erhält man höchstens beim Bauern oder auf Plantagen zum Selbstpflücken, von denen es aber viel weniger gibt als bei Äpfeln.

Das sind doch gute Gründe, selbst Birnen im Garten oder auf dem Balkon zu kultivieren, um diese köstlichen Früchte ernten und ganz frisch genießen zu können.

Allerdings sind Birnen ein wenig anspruchsvoller als Äpfel. Sie sind wärmebedürftiger und benötigen einen geschützten warmen Standort, damit ihre Früchte gut ausreifen und ihr einzigartiges Aroma und ihren wundervollen Duft entwickeln können. Dazu kommt, dass die meisten Birnensorten relativ früh blühen und deshalb durch Spätfröste gefährdet sind.

Birnen haben eine Besonderheit: Viele Sorten werden nicht auf Unterlagen ihrer eigenen Art veredelt, sondern meistens auf Quittensämlingen. Der Grund dafür ist die bessere Frosthärte, denn bei einer Veredelung beispielsweise auf Wildbirnen sind die Sorten viel frostempfindlicher.

Weil Birnen sehr kalte Temperaturen nicht so gut vertragen, werden sie gerne an Spalieren vor Wärme spendenden Wänden kultiviert. Schon im Frühjahr zur Blütezeit geben die Wände nachts die am Tag gespeicherte Wärme wieder ab und sorgen auf diese Weise für eine leichte Temperaturerhöhung.

Behandeln Sie Birnen nach der Ernte vorsichtig, sie bekommen sonst schnell Flecken und lassen sich dann nicht mehr lagern.

Für die Standfestigkeit des Birnbaums sorgt ein großzügig bemessener Kübel.

Zart schmelzende Birnen

Auch zur Reifezeit sorgt diese Strahlungswärme für eine bessere Reifung der Früchte. Und nicht zuletzt nehmen Obstgehölze am Spalier sehr viel weniger Platz weg als frei stehende Bäume.

Balkontaugliche Sorten

Wie bei den Äpfeln sind auch nicht alle Birnensorten gleich gut geeignet, um auf dem Balkon im Kübel kultiviert zu werden. Die meisten alten und bekannten Sorten sind viel zu starkwüchsig, zudem benötigen junge Bäume etliche Jahre, bis sie zum ersten Mal Früchte tragen. Die Bemühungen der Züchter, dies zu ändern, haben im wahrsten Sinne des Wortes Früchte getragen, denn es gibt moderne Birnensorten, die besonders schwach-

Zur Verhinderung eines Befalls mit Birnengitterrost stellt man am besten sicher, dass in der Nähe keine Wacholderarten stehen. Bewährt hat sich außerdem eine frühzeitige und wiederholte Anwendung von Pflanzenstärkungsmitteln wie beispielsweise Schachtelhalmextrakt, der die Widerstandsfähigkeit der Bäume erhöht.

wüchsig sind und daher auch für den Kübel geeignet. Und auf einem warmen Südbalkon finden wir geradezu ideale Bedingungen vor. Häufig werden Birnen von Birnengitterrost befallen, eine Pilzkrankheit, die bei starkem Befall das Laub erheblich angreifen kann. Leider gibt es bis heute keine resistenten Sorten. Interessant dabei ist, dass der Pilz nicht von Birnbaum zu Birnbaum übertragen wird, sondern immer einen Zwischenwirt benötigt, auf dem er überwintert. Als Zwischenwirt fungiert Wacholder (z. B. *Juniperus chinensis*), allerdings nicht unser einheimischer Heide-Wacholder, sondern verschiedene asiatische Zierformen, die so gerne in unseren Gärten, aber auch auf Friedhöfen gepflanzt werden. Innerhalb eines Radius von einem Kilometer infiziert ein befallener Wacholder sämtliche Birnbäume, denn die Sporen werden durch den Wind verbreitet. Zeigen einzelne Blätter am Birnbaum leuchtend orange Flecken, hat eine Infektion stattgefunden.

Eine andere Gefahr droht durch Feuerbrand, der in manchen Gegenden stark verbreitet ist, besonders im Süden und in der Schweiz. Im Norden hingegen macht er selten Probleme. Hier hat die Züchtung aber schon Erfolge verzeichnet, es stehen etliche resistente Sorten zur Verfügung, die an solchen Standorten auch verwendet werden sollten.

'Armida'

Nicht unbedingt säulenförmig, aber relativ schmal und pyramidenförmig wächst diese neue Sorte aus Pillnitzer Züchtung. Da sie insgesamt sehr schwachwüchsig ist, eignet sie sich auch gut für die Kultivierung im Kübel. Die im September reifende Herbstbirne entwickelt gelbe, mittelgroße Früchte, die an der Sonnenseite auch leicht rot überhaucht sein können. Sie schmecken süß und aromatisch, sind dabei aber recht druckfest und lassen sich gut bis Oktober einlagern. Ihre Blüte ist erfreulich frostfest, daher eignet sich die Sorte auch für klimatisch ungünstige Gegenden und exponierte Standorte. Schnittmaßnahmen müssen Sie nur sehr sparsam vornehmen, in der Regel genügt ein sommerliches Auslichten zu dicht stehender Seitenäste.

'Condo'

Die Sorte ist ganz neu auf dem Markt und zeichnet sich durch ihren besonders schwachen und säulenförmigen Wuchs aus. Und das ist auch das große Plus von 'Condo': Ein Rückschnitt ist nur selten erforderlich. Durch ihre relativ späte Blüte ist sie auch weniger spätfrostgefährdet als andere Sorten. Die mittelgroßen bis großen, klassisch geformten, überwiegend gelbgrünen Früchte reifen ab Anfang Oktober. Sie schmecken am besten nach einer kurzen Lagerzeit, ungefähr ab November. Der Geschmack ist süß und aromatisch, sehr saftig und zart schmelzend. Eine unkomplizierte Birnensorte, die durch ihre Robustheit und ihren regelmäßigen hohen Ertrag überzeugt.

'David'

Ganz ähnlich wie 'Armida' wächst auch 'David' schmal und pyramidenförmig, mit dünnen Seitentrieben, die im Sommer lediglich ausgerichtet werden müssen. Allerdings han-

So schmeckt der Herbst: aromatische Birnen und duftende Quitten in der Obstschale.

Rechte Seite: Unterschiedliche Wuchsformen: links Birne als U-Form gezogen, rechts als schmale Spindel.

delt es sich bei dieser Sorte um eine Winterbirne, die ab Mitte Oktober geerntet werden kann, jedoch erst ab Dezember genussreif ist und bis Anfang April gelagert werden kann. Die Früchte sind mittelgroß, zunächst grün und werden bei der Reife im Winter gelb. Erst dann entfaltet diese Birne ihr volles süßes Aroma und bekommt das typische schmelzende Fruchtfleisch. 'David' benötigt unbedingt einen sonnigen, geschützten Balkon, das ist die Voraussetzung für einen guten Ertrag über lange Jahre.

'Decora'

Bei dieser Sorte handelt es sich um eine Säulenbirne, die im Herbst ab Ende September reif wird. Ihre mittelgroßen, grünen und leicht rot überhauchten Früchte sind süß und aromatisch, sie schmecken sofort nach der Ernte,

Ein gutes Substrat und eine ausgewogene Düngung sind Voraussetzung für gesundes Wachstum und reiche Ernte.

können aber auch bis Ende Dezember an einem kühlen Platz gelagert werden. Durch ihren säulenförmigen Wuchs eignet sich diese Sorte sehr gut für den Kübel. Durch Einkürzen der Seitentriebe im Hochsommer kann sie gut in Form gehalten werden. Auch in der Höhe kann man die Pflanzen durch sommerlichen Rückschnitt begrenzen.

'Luisa'

Es handelt sich bei dieser Sorte um eine echte Zwergbirne, die von der Gestalt her wie eine normale Birne wächst und eine kleine Krone ausbildet. Durch ihren schwachen Wuchs wird sie aber kaum höher als anderthalb Meter und ist damit natürlich die ideale Kandidatin für den Kübel auf dem Balkon. Ihre Früchte sind mittelgroß, mit einer grüngelben Schale und vom Geschmack her saftig süß und aromatisch. Ab September sind die Früchte erntereif. Am besten werden sie gleich gegessen, denn sie halten sich im Lager nicht allzu lange.

'Helenchen'

'Helenchen' ist eine weitere echte Zwergsorte, die auf einem Niedrigstamm veredelt wird und mit ihrer Größe von maximal anderthalb Metern die perfekte Besetzung für den Balkonkübel darstellt. Ihre Früchte sind sehr groß, was in besonderem Kontrast zu dem kleinen Bäumchen steht. Sie sind grün mit einer auf der Sonnenseite leichten roten

Zur Erntezeit sind Körbe und Steigen prall gefüllt. Jetzt ist die Gelegenheit, Rezepte zum Weiterverarbeiten auszuprobieren.

68 GEHÖLZE UND MEHR – ZUM NASCHEN UND ERNTEN

Deckfarbe. Auch im Geschmack überzeugt 'Helenchen'. Die Birnen schmecken süß und sind sehr aromatisch. Anfang Oktober können Sie sie ernten, ein paar Wochen dürfen die Früchte auch gelagert werden.

'Shinko'

Eine echte Asienbirne ist diese Sorte mit birnenförmigen, grünen und sehr großen Früchten. Sie wächst auch auf einer schwachwüchsigen Unterlage recht kräftig und benötigt daher einen ausreichend großen Kübel. Durch Rückschnitt lässt sich ihre Krone aber auch dauerhaft auf balkontauglicher Größe halten. Ab Ende September reifen die saftigen und sehr süßen Früchte, die Sie danach aber auch noch einige Zeit am Baum belassen und bei Bedarf ernten können. Doch auch geerntete Früchte können Sie noch bis zu zwei Monate lagern. Neben der hier vorgestellten Sorte gibt es noch zahlreiche weitere Asienbirnen, die sich durch ihre Robustheit und ihren guten Geschmack auszeichnen. Ihre Früchte sind entweder birnenförmig oder auch rund und sehen eher Äpfeln ähnlich. Geschmacklich zählen sie aber eindeutig zu den Birnen.

Nashibirnen sind robust und schmecken hervorragend.

> ### Tipp vom Gartenprofi
>
> Schnitt- und Pflegemaßnahmen bei Birnbäumen sind vergleichbar mit denen von Apfelbäumen.
>
> **Schnitt:** Birnensorten, die schmal oder sogar säulenförmig wachsen, müssen nur wenig geschnitten werden. Lediglich zu kräftig wachsende Seitentriebe werden im Sommer auf eine Handbreit eingekürzt. Auch beim Höhenwachstum kann mit der Schere regulierend eingegriffen werden. Bedenken Sie aber, dass besonders beherzte Rückschnitte die Pflanzen eher zu einem kräftigeren Wachstum anregen. Daher sollten Sie die Pflanzen bei Bedarf eher vorsichtig, dafür aber jährlich einkürzen.
>
> **Pflege:** Was die Versorgung mit Wasser und Nährstoffen angeht, werden Birnen im Kübel genauso behandelt wie Äpfel. Der Wurzelballen sollte niemals austrocknen und im Winter durch Frostschutzmaßnahmen, also Einhüllen in dämmende Materialien, vor Kälte und Frost geschützt werden.

Süß- und Sauerkirschen

Die Obstarten Apfel und Birne werden dem sogenannten Kernobst zugerechnet, bei dem immer mehrere Kerne in einem Kerngehäuse zusammensitzen. Andere wichtige Obstarten werden dem Steinobst zugerechnet, bei dem sich jeweils ein einzelner verholzter und darum sehr harter Kern in der Mitte der Früchte befindet. Die Größe der Kerne ist an die Größe der Früchte angepasst, aber immer wird noch reichlich Fruchtfleisch drum herum gebildet, das als Lockmittel für Tiere fungiert, die nach dem Verspeisen der Früchte für die Verbreitung der Samen in den »Steinen« sorgen.

Wie auch Apfel und Birne gehören sämtliche Steinobstarten zur Familie der Rosengewächse. Überhaupt ist diese Pflanzenfamilie die wichtigste im Bereich des Obstes, denn auch viele Beerenobstarten zählen zu den Rosengewächsen.

Süße und saure Leckereien

Die Nummer eins auf der Hitliste beim Steinobst ist sicherlich die Kirsche, deren Früchte zu den ersten gehören, die im Sommer reifen. Während Süßkirschen *(Prunus avium)* zu den leckersten Früchten zum sofortigen Naschen gehören, sind Sauerkirschen *(Prunus cerasus)* durch ihre ausgeprägte Säure eher die Favoriten für die Verarbeitung in der Küche. Dort aber punkten sie durch ihr intensives Aroma. Wer kennt nicht solche Köstlichkeiten wie Streuselkuchen mit Sauerkirschfüllung, Waffeln mit heißen Sauerkirschen oder eben die klassische Sauerkirschkonfitüre mit ganzen Früchten.

Beide Arten sind in Europa heimisch. Besonders die wilden Süßkirschen finden sich am Rande lichter Laubwälder und auch einzeln oder in Gruppen in der freien Landschaft. Dort fallen sie besonders zur Blütezeit im Frühling auf, wenn sie über und über mit weißen Blüten bedeckt sind. Überhaupt gehören Kirschen zu den schönsten Blütenbäumen, wobei die Obstbäume unter den Kirschen ihren Verwandten aus dem Ziergehölz in puncto Schönheit nicht nachstehen. Ein blühender Kirschbaum, egal ob in der Landschaft oder im eigenen Garten, verwandelt sich im Frühling in eine üppige weiße Blütenwolke. Einige Zierkirschen, vor allem solche mit asiatischer Herkunft, blühen noch früher im Jahr, sind dadurch aber auch immer wieder durch Spätfröste gefährdet.

Kleine Sorten für den Balkon

Süßkirschen wachsen üblicherweise zu hohen und sehr ausladenden Bäumen heran, während Sauerkirschen sich auch mit etwas weniger Platz zufriedengeben. Das ist eindrucksvoll, aber leider für kleine Hausgärten viel zu groß, geschweige denn für den Balkon. Doch wie bei Äpfeln und Birnen auch hat es die

Züchtung geschafft, kleinwüchsige Sorten auszulesen und zudem auch schwach wachsende Unterlagen zu züchten, auf die Edelreiser der Sorten veredelt werden. Eigentlich wurde die entsprechende Züchtung betrieben, um den Obstbauern schwachwüchsige Formen anbieten zu können, die einfacher geerntet werden können als die klassischen Hochstämme. Doch natürlich eignen sich diese Bäumchen ganz hervorragend auch für die Kübelkultur auf dem Balkon.

Die klein bleibenden Bäume haben auch noch einen weiteren Vorteil: Sie können problemlos in engmaschige Netze eingehüllt werden, um die ab Ende Mai auftretenden Kirschfruchtfliegen davon abzuhalten, die reifenden Früchte anzubohren, um dort ihre Eier abzulegen. Maden, die sich häufig in den reifen Kirschen finden, sind die Larven dieser Fliege. Ganz früh reifende Kirschsorten sind übrigens nicht gefährdet, weil ihre Früchte dann schon rot sind und von den Fliegen nicht gefunden werden.

Balkontaugliche Sorten
'Cesar'

Kompaktes, mittelstarkes Wachstum und dicke Triebe mit in Etagen angeordneten Astquirlen in großen Abständen und Fruchtholzbildung entlang des Stammes zeichnen diese Sorte aus. Die Früchte sind sehr groß, herzförmig und platzfest, der Geschmack hervorragend, sehr süß. Der Reifezeitpunkt liegt in der zweiten bis dritten Kirschwoche, also sehr früh.

'Cesar' ist selbstfruchtbar, mehr Früchte gibt es aber, wenn eine andere Sorte als Befruchter fungiert. Die Sorte wird häufig als Säulenform

Die Ernte hat sich gelohnt: saftige Kirschen entweder zum Naschen oder zum Weiterverarbeiten.

Süß- und Sauerkirschen

Mit Stiel geerntete Kirschen lassen sich länger lagern.

angeboten, verlangt aber das Kappen der Spitze und der kräftigen Seitenäste, um dauerhaft in dieser Form gehalten zu werden.

'Claudia'

Diese selbstfruchtbare Süßkirsche entwickelt mittelgroße Früchte mit bissfestem Fruchtfleisch, die platzfest und sehr süß sind. Die Erträge setzen früh ein und sind regelmäßig und hoch. Die Sorte ist sehr gut für den Frischverzehr geeignet. Der Reifezeitpunkt liegt in der sechsten Kirschwoche. Durch ihr kompaktes Wachstum ist sie für die Kübelkultur prädestiniert, trotzdem ist aber ein regelmäßiger Schnitt im Sommer nach der Ernte erforderlich. Eine Höhenbegrenzung durch Kappen der Spitze ist im August sinnvoll.

'Compact Lambert'

Als eine mittelgroße bis große, dunkelrote Knorpelkirsche mit hervorragendem Geschmack kann 'Compact Lambert' beschrieben werden. Der schwachwüchsige Baum wird nur zwei bis drei Meter hoch und ist durch die späte Blüte kaum spätfrostgefährdet. Der Reifezeitpunkt liegt in der vierten und fünften Kirschwoche. Besonders bei älteren Bäumen wird ein regelmäßiger Fruchtholzschnitt, am besten nach der Ernte, empfohlen.

'Vanda'

Empfehlenswert für den Balkon ist außerdem die Sorte 'Vanda'. Sie entwickelt mittelgroße bis große, braunrote Früchte mit aromatisch süßem Geschmack. Das Fruchtfleisch ist mittelfest bis fest und gut platzfest. Der kleine Kirschbaum wächst nur langsam, verzweigt sich aber gut und liefert früh im Jahr und regelmäßig eine ansehnliche Ernte. Der Reifezeitpunkt liegt in der vierten Kirschwoche. Bei älteren Bäumen wird ein regelmäßiger Fruchtholzschnitt nach der Ernte empfohlen.

'Stardust'

Die Sorte ist selbstfruchtbar, außerdem ein sehr guter Befruchter für andere spät blühende Kirschsorten. Ihre Früchte sind groß, aromatischsüß, mit festem Fruchtfleisch und besitzen eine sehr gute Platzfestigkeit. Dazu ist 'Stardust' robust und hat sehr hohe regelmäßige Erträge. Der Reifezeitpunkt liegt in der sechsten und siebten Kirschwoche. Für einen langfristig kompakten Wuchs wird ein Fruchtholzschnitt nach der Ernte empfohlen.

Süßkirschen schmecken direkt vom Baum am besten.

Rechte Seite: Wählen Sie beim Kauf wurzelechte Süß- und Sauerkirschen. Sie bilden nur schwache Zuwächse.

'Sylvia'

Diese Säulenkirsche ist eine sehr vielversprechende Neuzüchtung und zeichnet sich durch einen kompakten und schlanken Wuchs aus. Die Früchte sind kurzstielig, groß und haben eine braunrote Farbe, dazu sind sie süß und aromatisch. Der Reifezeitpunkt liegt in der sechsten und siebten Kirschwoche. 'Sylvia' benötigt eine Befruchtersorte, z. B. 'Viktoria'.

'Viktoria'

Auch diese Sorte ist eine Säulenkirsche, die sehr kompakt wächst und daher wenig Platz benötigt. Sie besitzt dunkle, große, sehr schmackhafte Früchte und ist selbstfruchtbar. Der Reifezeitpunkt liegt in der fünften und sechsten Kirschwoche. Ein regelmäßiger Sommerschnitt ist erforderlich, um die Pflanze sehr schmal im Wuchs zu halten. Die Höhe wird durch Kappen der Spitze im August begrenzt.

'Jade'

Hierbei handelt es sich um eine klein bleibende Sauerkirsche, die meist wurzelecht angeboten wird. Die Früchte sind groß, nierenförmig und von braunroter Farbe, das Fruchtfleisch dunkelrot, mittelfest. Hervorzuheben ist ein überdurchschnittlich hoher Zucker- und Säuregehalt, der einen hervorragenden Geschmack und ein fruchtiges Aroma garantiert. Der Reifezeitpunkt liegt in der sechsten und siebten Kirschwoche. 'Jade' wächst aufrecht, mittelstark und verzweigt sich gut, wobei die Triebe leicht überhängen. Gegenüber der bei Kirschen gefürchteten Monilia-Spitzendürre ist sie weitgehend resistent.

'Kobold'

Mit maximal zwei Metern bleibt diese Sorte ziemlich klein. Die Früchte sind groß und dunkelbraun, das weiche Fruchtfleisch gut steinlösend. Ihr Reifezeitpunkt liegt in der sechsten und siebten Kirschwoche. Der Geschmack ist überwiegend säuerlich mit verhaltener Süße. Die Sorte ist selbstfruchtbar. Für den Aufbau der Krone ist ein regelmäßiger Schnitt nach der Ernte erforderlich.

'Morellini'

Die Zwergsauerkirsche mit kompakter, fast kugelförmiger Krone und dichtem, dunkelgrünem Laub reift in der fünften bis sechsten Kirschwoche. Die mittelgroßen, dunkelroten Früchte zeichnen sich durch ein säuerliches Aroma aus, das Fruchtfleisch ist gut steinlösend. Die Sorte ist hervorragend für die Kübelpflanzung geeignet und sieht durch ihren gleichmäßigen Wuchs die ganze Saison über attraktiv aus. Sie ist resistent gegen die Monilia-Spitzendürre.

Bei den Kirschen wird der Reifezeitpunkt in den sogenannten Kirschwochen angegeben. Je nach Region und Wetter kann die erste Kirschwoche zwischen dem 1. und dem 24. Mai beginnen, die siebte und letzte Kirschwoche liegt dann zwischen dem 20. Juli und dem 20. August.

Südländisches Flair mit Pfirsich & Co.

Rechte Seite links: Unter dem Nektarinenstämmchen finden auch noch Erdbeeren Platz.

Rechte Seite rechts: Die kleinfrüchtigen Aprikosen sind besonders süß. Die Bäumchen entwickeln sich voll und sehen dekorativ aus.

Pfirsiche zeichnen sich durch eine flaumig behaarte Schale aus.

Der Pfirsich *(Prunus persica)* wurde bereits von Alexander dem Großen in Persien entdeckt und von ihm als »persische Pflaume« bezeichnet, und hieraus leitet sich auch der botanische Name ab. Später entwickelte sich daraus die Bezeichnung Pfirsich. Ursprünglich aber stammt der Pfirsich aus China und wird dort schon über 3000 Jahre angebaut. Die europäische Ausbreitung begann von Griechenland aus rund um das ganze Mittelmeergebiet. In Mitteleuropa wird der Pfirsich wegen seines Wärmebedürfnisses vor allem in Weinbaugebieten angebaut.

Saftige, aromatische Pfirsiche lassen sich in Mitteleuropa im Prinzip nur im eigenen Garten ernten. Die gekauften Pfirsiche werden in der Regel noch im harten Zustand vom Baum genommen, damit sie den Transport überstehen können. Solche Früchte reifen aber nicht vollkommen nach, und das typische Pfirsicharoma ist nicht gut ausgeprägt.

Gesunde Früchtchen

Ein durchschnittlich großer Pfirsich enthält etwa 100 Gramm Wasser sowie Kalium, Kalzium, Magnesium und die Vitamine A, B_1, B_2 und C. Der hohe Wassergehalt macht dieses Obst besonders an warmen Tagen zu einer gesunden, süßen und fruchtigen Leckerei. Es lohnt sich also, dem Pfirsichbäumchen einen sonnigen, geschützten Standort zu geben, damit sich sonnenreife, wohlschmeckende Früchte entwickeln können.

Nektarine und Aprikose

Die Nektarine *(Prunus persica var. nectarina)* ist eine Mutation des Pfirsichs mit glatter anstelle der sonst pelzigen Schale. Sie ist innen gelblich, bei der weißen Nektarine hellgelb.

Die Aprikose *(Prunus armeniaca)*, in Österreich, Südtirol und Teilen Bayerns besser als Marille bekannt, stammt vermutlich aus Armenien und wird dort auch schon seit Jahrtausenden angebaut. Auch sie benötigt einen warmen Standort, dabei ist sie aber wesentlich toleranter gegenüber sommerlicher Trockenheit als Pfirsich und Nektarine.

Südländisches Flair mit Pfirsich & Co. 77

Balkontaugliche Sorten

'Bonanza'

Dieser Zwergpfirsich ist bereits im Frühling zur Blütezeit eine Augenweide, wenn sich die zahlreichen rosa Blüten öffnen. Er wächst sehr kompakt und buschig. Meist wird er auf ein Stämmchen veredelt. Ein Rückschnitt der Krone nach der Ernte sorgt für einen gleichmäßigen Kronenaufbau. Die gelbrot geflammten Früchte erreichen annähernd die Größe der normalen Pfirsiche, sie schmecken hervorragend, süß und saftig.

'Redgold'

Vom Wuchs her ganz ähnlich der Nektarine 'Bonanza', begeistert diese Sorte durch ihr goldgelbes, saftig süßes und knackiges Fruchtfleisch. Die im Frühjahr erscheinenden Blüten vertragen auch gut Spätfröste. Die mittelgroßen Früchte reifen in unseren Breiten sehr gut aus, die Reifezeit liegt im August. Der Ertrag setzt früh ein und ist hoch. Ein geschützter Standort ist wichtig, da die Nektarinen keinen kalten Wind vertragen.

'Snow Queen'

Die Nektarinensorte wächst säulenförmig, fast ohne Verzweigung; häufig hat sie schon als zweijährige Veredelung viele Blütenknospen, an denen sich Früchte entwickeln. Ein konsequenter Rückschnitt am Mitteltrieb und den Seitenästen ist bei 'Snow Queen' erforderlich, sonst wächst die Spitze zu stark in die Höhe.

Die im August reifenden Früchte sind mittelgroß, mit glatter gelber Haut, großflächig dunkelroter Deckfarbe und weißem Fruchtfleisch. Ihr Geschmack ist saftig, süß, je nach Reifegrad fest bis weich. Die Sorte ist selbstfruchtbar, allerdings ist der Ertrag höher, wenn andere Nektarinen- oder Pfirsichsorten als Bestäuber dienen.

'Hilde'

'Hilde' ist eine mittelstark bis stark wachsende Säulenaprikose. Damit die schlanke Form erhalten bleibt, ist ein regelmäßiger Rückschnitt am Mitteltrieb und an den Seitenästen in der Vegetationsphase nötig. Die

Pfirsiche sind die schönsten unter den blühenden Obstbäumen.

Zwergpfirsiche werden kaum höher als dieses Exemplar.

attraktiven Blüten sind zartrosa und erscheinen im Frühjahr. Ab Mitte August reifen sehr große, orangerote, sonnenseits auch rote Früchte mit aromatischem Geschmack, die sehr saftig sind. Die Sorte ist selbstfruchtbar, ertragssteigernd wirkt aber die Bestäubung anderer Aprikosen oder Pfirsiche.

'Aprimira'

Diese neue Sorte begeistert nicht nur durch die orangegelben, sehr leckeren Früchte, sondern auch durch ihre Robustheit und eine hohe Unempfindlichkeit gegenüber Krankheiten. 'Aprimira' wurde aus der Aprikose 'Orangered' und der Mirabelle 'Herrenhausen' gezüchtet. Ihr Geschmack erinnert an Mirabellen, die Fruchtgröße gleicht der einer mittelgroßen Aprikose. Die Früchte haben ein festes Fruchtfleisch mit ausgeprägtem Aprikosenaroma. Als Befruchter kommen Pflaumen und Zwetschgen in Betracht. 'Aprimira' ist unempfindlich gegen Monilia und die gefürchtete Scharka-Krankheit.

Um den charakteristischen schlanken Wuchs zu erhalten, ist ein Sommerschnitt der Seitentriebe erforderlich.

Früchte wie aus dem Garten

Pflaumen und Zwetschgen *(Prunus domestica)* sind sehr eng miteinander verwandt und unterscheiden sich vor allem in der eher länglichen beziehungsweise rundlichen Fruchtform. Pflaumen stammen vermutlich aus Vorderasien und wurden von den Kreuzrittern nach Europa gebracht. Seither wurde die Frucht immer wieder gekreuzt, wahrscheinlich auch mit unseren heimischen Schlehen. Pflaumen und Zwetschgen wachsen in allen gemäßigten Klimagebieten vom Mittelmeer bis nach Skandinavien.

Gesundheit vom Balkon

In Pflaumen und Zwetschgen stecken viele wertvolle Vitamine, wie Vitamin A, verschiedene B-Vitamine, Mineralien wie Kalium und Magnesium und sekundäre Pflanzenstoffe. Sie schmecken frisch vom Baum genascht genauso gut wie als leckerer Kuchenbelag oder als süßer Brotaufstrich.

Balkontaugliche Sorten

'Anita'

Diese selbstfruchtbare Pflaumensorte wächst säulenförmig und besitzt mittelgroße, ovale Früchte, eine dunkelblaue Schale mit starker Bereifung und gelbgrünes mittelfestes, gut steinlösendes Fruchtfleisch. Anfang September kann man mit vielen Früchten rechnen. 'Anita' wird überwiegend auf der schwächer wachsenden Unterlage St. Julien A veredelt, die zudem für eine gute Fruchtqualität bürgt. Ein weiterer Pluspunkt ist die Scharkaresistenz der Sorte. Um die schlanke Säulenform zu erhalten, ist ein regelmäßiger Schnitt der Seitentriebe nötig.

'Imperial'

Die säulenförmig wachsende Pflaumensorte 'Imperial' hat dunkelblaue, länglich ovale Früchte mit stahlblauer Bereifung und gelblichem Fruchtfleisch. Die würzigen Früchte haben ein sehr gutes Aroma und sind gut

Bei der Blutpflaume entfaltet sich das rotbraune Laub, sobald die Blüte ihren Höhepunkt überschritten hat.

Die modernen Pflaumensorten sind saftig, ihr Fruchtfleisch löst sich zudem gut vom Stein.

steinlösend. Die Reife beginnt Anfang September. Die Pflanzen wachsen langsam und bleiben sehr schlank, sie tragen in der Regel schon im ersten Jahr und werden im Topf nur zwei bis drei Meter hoch. Seitentriebe sollte man im Sommer auf Fingerlänge einkürzen.

'Pruntop'

Bei der säulenförmig wachsenden Pflaumensorte muss regelmäßig die Spitze gekappt werden, um die Seitenastbildung anzuregen. Sie besitzt sehr große, blaubereifte Früchte mit gelbem, gut steinlösendem Fruchtfleisch und hervorragendem Geschmack. Die Sorte ist selbstfruchtbar, bei Befruchtung durch andere Zwetschgen- und Pflaumensorten ist der Ertrag höher. Die Reifezeit liegt im September.

Bei Befall mit dem Scharkavirus bilden sich im Frühjahr (Mai/Juni) hellolivgrüne bis olivgrüne Ringe an den Blättern. Im weiteren Verlauf der Krankheit entsteht daraus schwarzes abgestorbenes Gewebe. Die Früchte zeigen pockenartige oder linienförmige Einsenkungen. Häufig kommt es infolge der Krankheit zum frühzeitigen Abwurf der Früchte.

Früchte wie aus dem Garten

Beerenobst – ideal für Kübel und Kästen

Beim Thema Naschobst denken die meisten Menschen zuerst an die leckeren Beerenobstarten, zum Beispiel an säuerlich erfrischende Johannisbeeren, vollreife aromatische Stachelbeeren oder auch Heidelbeeren, nach deren Genuss sich die Zunge so herrlich blau färbt. Die Liste ist noch länger, denn neben den Klassikern unter dem Beerenobst haben auch einige Neuheiten wie die Gojibeere unsere Gärten und natürlich auch unsere Terrassen und Balkone erobert. Egal ob klassisches Beerenobst oder Neuentdeckung – die meisten Sträucher werden auch ungeschnitten selten höher als zwei Meter, können aber durch einen Rückschnitt auch niedriger gehalten werden. Damit sind sie die idealen Gehölze für den Kübel und fühlen sich dort bei ausreichender Versorgung mit Wasser und Nährstoffen viele Jahre wohl und fruchten reichlich.

Einfache Pflege

Anders als beispielsweise Äpfel und Birnen benötigt Beerenobst keine besonderen Schnittmaßnahmen, um zuverlässig jedes Jahr Früchte anzusetzen. Solange die Sträu-

---

Tipp vom Gartenprofi

Die richtige Erde für die Ansprüche der Pflanzen und eine artgerechte Düngung sind Voraussetzung für gutes Gedeihen und hohe Erträge.

Pflege: Für Beerensträucher ohne besondere Standortansprüche können Sie entweder fertige Erden für Laubgehölze verwenden oder ein Substrat aus guter Balkonblumenerde, etwas Sand und eventuell einem Anteil Blähton oder Perlite zusammenmischen, um die Wasserspeicherung zu verbessern.

Ernährung: Für einen guten Fruchtansatz benötigen die Pflanzen Nährstoffe. Hierfür gibt es auf dem Markt verschiedene Spezialdünger, die unbedingt entsprechend den Herstellerangaben dosiert werden müssen. Die Pflanzen kommen aber auch gut mit normalem organischem Langzeitdünger zurecht. Gedüngt wird eher selten, denn auch am Wildstandort zeichnen sich die Böden durch eine relative Nährstoffarmut aus. Empfehlenswert sind Langzeitdünger, mit denen eine Überdüngung vermieden werden kann.

Pflege Moorbeetpflanzen: Für die Kultivierung von Moorbeetpflanzen verwenden Sie am besten spezielle Substrate, z. B. Rhododendron- und Moorbeetpflanzenerde, die im Handel erhältlich sind.

cher und Büsche nicht zu dicht werden, kann die Schere liegen bleiben. Stehen die einzelnen Zweige allerdings so eng, dass die Früchte zu wenig Licht abbekommen, sollte ausgelichtet werden. Dabei schneidet man ältere Zweige komplett heraus. Das kann entweder direkt nach der Blüte durchgeführt werden, wenn die Fruchtansätze deutlich erkennbar sind, oder aber nach der Ernte, indem man die ältesten abgeernteten Zweige herausschneidet.

Eine spezielle Form sind die sogenannten Hochstämmchen, bei denen die Fruchthölzer auf einem kräftigen Stamm, der meist zwischen 90 und 120 Zentimeter hoch ist, veredelt wurden. Häufig sind solche Hochstämmchen bei Johannisbeeren und Stachelbeeren zu sehen. Als Stammbildner verwenden die Baumschulen vor allem Wildarten der jeweiligen Gattung. Es kommt immer wieder vor, dass sich unten an den Stämmen sogenannte Wildtriebe bilden, die umgehend bis zum Ansatz entfernt werden müssen, da sie sonst kräftig wachsen und dem veredelten oberen früchtetragenden Teil die Nahrung entziehen.

Arten mit speziellen Ansprüchen

Einige der im Buch angesprochenen Beerenobstarten haben ganz spezielle Ansprüche an die Böden, auf denen sie wachsen, denn in ihrer Heimat kommen sie beispielsweise auf sauren Waldböden vor oder wachsen an sehr speziellen Standorten, z. B. Mooren. Diese Be-

Heidelbeeren sind vielfältig verwendbar. Nicht nur Marmelade aus ihren Früchten ist köstlich, aus dem Saft lässt sich neben Gelee auch Hochprozentiges herstellen.

dingungen lassen sich im eigenen Garten nicht ganz einfach herstellen, sie sind mit im Austausch von Erde verbunden, es muss dort Torf zugesetzt werden, oder es sind spezielle Abdichtungen nötig, um eine besonders hohe Bodenfeuchte zu gewährleisten. Bei einer Kübelbepflanzung ist das sehr viel einfacher. Es gibt für besondere Bodenverhältnisse Spezialerden, die verwendet werden können, sodass relativ schnell und einfach gute Bedingungen geschaffen werden können.

Die meisten Sorten sind selbstfruchtbar, das heißt, sie setzen auch Früchte an, wenn nur eine Pflanze auf dem Balkon steht. Meist ist der Ertrag aber deutlich höher, wenn zwei verschiedene Sorten einer Art nebeneinanderplatziert werden, die so von den Insekten bestäubt werden können.

Rechte Seite:
Ein Balkontraum in Rot. Neben Beerenobst huldigen auch Sommerblumen und Tischdekoration der starken Farbe.

Süße und saure Leckereien – Johannisbeeren

Johannisbeeren *(Ribes rubrum* und *Ribes nigrum)* gibt es in den Farben Rot, Weiß und Schwarz. Haupterntezeit für die roten Sorten sind die Monate Juni und Juli, die schwarzen Beeren werden etwa einen Monat später reif. Johannisbeeren sind besonders hochwertige Früchte, sie weisen von allen Beeren den höchsten Fruchtsäureanteil auf.

Schwarze Johannisbeeren sind in Europa und den gemäßigten Zonen Asiens heimisch, aber auch im hohen Norden bis Finnland und Sibirien. Rote Johannisbeeren sind in fast ganz Europa verbreitet. Ursprünglich kommen sie nur in Belgien, Holland, Frankreich, Deutschland, Italien und Polen vor, im restlichen Europa sind sie aus den Gärten verwildert.

Die Johannisbeere bevorzugt einen eher feuchten Boden und wächst auch an halbschattigen Standorten sehr gut. Die sommergrünen Sträucher tragen unauffällige grünlich weiße Blüten und kleine Beerenfrüchte in länglichen Trauben. Die Beeren sind erst erntereif, wenn die ersten fast abfallen. Übrigens sind die Blüten sehr nektarreich und daher wertvoll für Bienen. Auch in puncto Gesundheit sind Johannisbeeren unschlagbar, ihr Anteil an Vitamin C, P und sonstigen Mineralstoffen ist so hoch wie in keiner anderen Gartenfrucht. Oft werden Johannisbeersträucher als Hochstämmchen angeboten, die natürlich besonders schön im Kübel aussehen. Aber auch ganz normale strauchförmige Exemplare sind gut für die Kübelkultur geeignet. Überhaupt sind die Sträucher recht pflegeleicht und wenig krankheitsanfällig.

Balkontaugliche Sorten der Schwarzen Johannisbeere

'Andega'

Noch ganz neu im Sortiment ist diese Sorte mit relativ kleinen schwarzen Früchten, die in lockeren Trauben zusammenhängen und einen sehr guten, herben Geschmack haben. Sie reifen bereits Mitte Juni, die Pflanzen sind zudem robust und widerstandsfähig gegen Mehltau und andere Blattkrankheiten.

'Ben Nevis'

Die schwarzfrüchtige, selbstfruchtende Sorte wächst schwach aufrecht, die Winterhärte ist ausgezeichnet. Große Früchte mit intensivem säuerlichem Aroma hängen in eher kleinen Trauben zusammen, sie reifen Mitte Juli. Die Sorte ist selbstfruchtend.

Vitamin P ist auch unter der Bezeichnung OPC bekannt. Es handelt sich um einen sekundären Pflanzenstoff, der wirksam ist gegen frühzeitiges Altern und Immunschwäche, Herz-, Gefäß- und Kreislauferkrankungen. Johannisbeeren und Holunderbeeren, Äpfel, Erdbeeren und Kirschen enthalten viel Vitamin P.

Die Sorte 'Silvergieters Schwarze' kann als Hochstämmchen auf dem Balkon kultiviert werden.

'Bona'

Neu im Sortiment der balkontauglichen Johannisbeeren ist die Sorte 'Bona'. Sie ist widerstandsfähig gegen Mehltau, mittelstark im Wuchs und besticht durch ihren ausgezeichneten Geschmack. Die sehr großen schwarzen glänzenden Beeren sitzen in kurzen, dichten Trauben an sehr kurzen Stielen. Ihr Geschmack ist süß, mild und sehr aromatisch. Die Beeren reifen sehr früh ab Anfang Juni.

'Hedda'

Diese robuste norwegische Sorte hat einen aufrechten, kräftigen Wuchs und mittelgroße Beeren, die etwas glänzen. Unter den schwarzen Sorten hat sie den mildesten Geschmack. Reifezeit ist etwa Mitte Juli, die Sorte ist selbstfruchtbar, bei Pflanzung mehrerer Sorten erhöht das aber den Ertrag. 'Hedda' gilt als besonders frostfest, robust und gesund und wird deshalb auch für den Bioanbau empfohlen.

Schwarze und Rote Johannisbeeren bereichern den sommerlichen Speisezettel.

Süße und saure Leckereien – Johannisbeeren

'Titania'

Eine bewährte und robuste Sorte mit großen schwarzen glänzenden Beeren in mittellangen Trauben, die einen aromatisch säuerlichen Geschmack besitzen. Reifezeit ist Mitte Juni, die Beeren halten lange am Strauch. Es handelt sich um eine sehr starkwüchsige Sorte.

'Tsema'

Der aufrecht wachsende Strauch ist gut winterhart. Die aromatischen, recht großen schwarzen Früchte hängen an länglichen Trauben. Sie reifen Anfang bis Mitte Juli, die Sorte ist selbstfruchtend. Besonders hervorzuheben ist der sehr hohe Vitamin-C-Gehalt der Früchte.

Kinder lieben Beerenobst und naschen es am liebsten direkt vom Strauch.

Balkontaugliche Sorten der Roten Johannisbeere

'Detvan'

Die Sorte stammt aus der Slowakei und zeichnet sich durch mittelgroße rote Beeren in lockeren langen Trauben aus. Ihr Geschmack ist ausgezeichnet und sehr aromatisch, sie reifen Mitte Juli. Die starkwüchsigen Büsche sind resistent gegen Mehltau und andere Blattkrankheiten.

'Heros'

Hierbei handelt es sich um eine schwachwüchsige, etwas überhängend wachsende Sorte mit mittelroten Beeren in dichten Trauben. Die Früchte sind sehr süß und aromatisch, sie reifen von Ende Juni bis Mitte Juli. Die Sorte ist selbstfruchtend, eine weitere Sorte bringt aber einen höheren Ertrag.

'Rovada'

Eine zuverlässige neuere Sorte, die mittelstark wächst. Die großen, roten und glänzenden Früchte hängen in dichten Trauben zusammen. Sie reifen Mitte Juli und sind durch ihre dicke Schale gut platzfest. Ihr Aroma ist ausgezeichnet.

'Stanza'

Am kräftigen Strauch wachsen aromatische, sehr wohlschmeckende Beeren in lockeren Trauben. Die Reifezeit liegt um Ende Juni, die Früchte haben in der Vollreife eine intensiv dunkelrote Farbe. Die Sorte ist selbstfruchtend, eine zweite Sorte bringt aber einen höheren Ertrag.

Balkontaugliche Sorte der Weißen Johannisbeere

'Weiße Jüterboger'

Weiße Johannisbeeren gibt es nur in wenigen Sorten, sie zählen botanisch zu *Ribes rubrum*. Diese altbewährte Sorte ist relativ schwachwüchsig und besitzt mittelgroße Beeren in lockeren Trauben, die Mitte bis Ende Juli reifen. Ihr Geschmack ist sehr mild.

Tipp vom Gartenprofi

Sehr empfehlenswert ist eine wohlschmeckende Kreuzung aus Schwarzer Johannisbeere und Stachelbeere: die Jostabeere. Geschmacklich hat sie von beiden Arten etwas mitbekommen, was sie zur ausgezeichneten Saft- und Geleefrucht macht. Die Beeren reifen in kurzen Trauben, sie sind kleiner als Stachelbeeren und größer als Johannisbeeren, schmecken fruchtig-aromatisch, nur wenig sauer. Sie reifen von Mitte Juni bis Mitte Juli. Jostabeeren sind wahre Vitamin-C-Bomben. Der anspruchslose Strauch, mit reichen Erträgen, passt gut auf den Balkon.

Der Genuss von rohen Stachelbeeren ist nicht jedermanns Sache. Stachelbeertorte hingegen dürfte von kaum jemandem verschmäht werden.

Für Liebhaber – Stachelbeeren

Die Stachelbeere *(Ribes uva-crispa)* ist ein beliebtes Naschobst für den Sommer. Reife Stachelbeeren weisen den höchsten Zuckergehalt aller Beeren auf, gelten aber trotzdem als kalorienarm.

Die grüngelben Blüten erscheinen im April und hängen in kleinen Trauben an den Blattachseln. Im Juli sind die kugelförmigen saftigen Beeren reif, die gelb, grün oder rot sein können, mit glatter Schale oder auch fein behaart. Das weiche, saftige Fruchtfleisch hat einen angenehm süßsauren Geschmack. Die Zweige der Stachelbeere sind mit zahlreichen kleinen, spitzen Dornen versehen. Der Strauch kann bis zu zwei Meter hoch werden und besitzt rundliche bis fünfeckige grüne bis graugrüne Blätter.

Stachelbeeren fruchten vor allem an den vorjährigen Seitentrieben, aber auch an den einjährigen Trieben. Der beste Schnittzeitpunkt liegt daher direkt nach der Ernte. Einfacher zu beernten als die klassischen Sträucher sind Halb- und Hochstämmchen, bei denen Reiser der Sorte auf einen Stamm veredelt werden. Hier wachsen die Früchte praktischerweise in ganz bequemer Pflückhöhe, und außerdem können um den Stamm herum noch niedrige Pflanzen, z. B. duftende Sommerblumen, platziert werden. Als Stammbildner hat sich übrigens auch die Jostabeere sehr bewährt.

Balkontaugliche Sorten
'Redeva'

Die Sorte produziert mittelgroße, angenehm süße Früchte, die bei Vollreife purpurrot sind. Die Beeren sind fest, unbehaart und mit einer dünnen Schale überzogen, aber trotzdem platzfest. Die Reifezeit liegt zwischen Mitte und Ende Juli. 'Redeva' wächst stark und aufrecht mit überhängenden Fruchttrieben. Jüngere Pflanzen sind stärker, ältere schwächer mit Dornen bewehrt. Im Holz ist die Sorte frostfest und scheint bisher auch widerstandsfähig gegen Mehltau und Blattfleckenkrankheit zu sein.

Beim Kauf von Stachelbeerpflanzen müssen Sie unbedingt auf mehltauresistente Sorten achten. Leider sind auch noch viele ältere Sorten im Handel, die immer wieder von dem Pilz infiziert werden. Von Mehltau befallene Früchte können nicht mehr verzehrt werden. Generell mögen Stachelbeeren einen sonnigen oder lichtschattigen Standort und nahrhaften, nicht zu trockenen Boden.

Regelmäßig geschnitten, kann auch Beerenobst im Kübel sehr alt werden und dabei reich tragen.

Reiche Ernte: An diesem Hochstämmchen sitzen die Früchte dicht an dicht.

'Süße Lea'

Hierbei handelt es sich um eine frühe Sorte mit weißgrünen ovalen, sehr großen Früchten, die ausgezeichnet und sehr süß schmecken und Ende Mai bis Anfang Juni reifen. Der Strauch ist starkwüchsig mit bogig überhängend wachsenden Trieben. Erfreulich ist auch die hohe Toleranz gegen Mehltau.

'Invicta'

Mittelgroße, hellgrüne bis mittelgrüne, feste Früchte sind das Kennzeichen dieser Sorte. Die Fruchtschale ist dünn und mittelstark behaart. Trotz geringer Süße sind die Früchte von angenehmem Geschmack, sie platzen bei Vollreife allerdings leicht. Für gute Fruchtqualität ist ein nährstoffreiches Substrat mit ausreichender Feuchtigkeit nötig, dann liefert 'Invicta' viele Früchte. Die Reifezeit liegt bei Anfang Juni. Die Sorte ist sehr wüchsig und entwickelt überhängende Triebe mit vielen Dornen. Es ist keine vollständige Resistenz gegen Mehltau und Blattfleckenkrankheit vorhanden, der Befall ist aber nur sehr leicht.

'Mucurines'

Große, sehr süße Früchte mit geringer Säure zeichnen die Sorte aus, sie sind gut am Strauch haltbar. Ihre Reifezeit liegt Ende Juli; die mittelstark wachsenden Sträucher bringen einen hohen Ertrag, wenn eine zweite Sorte zur Befruchtung in der Nähe steht. 'Mucurines' benötigt einen geschützten Standort und ein nährstoffreiches Substrat, das immer leicht feucht sein sollte, da sonst eine gewisse Anfälligkeit für Krankheiten auftreten kann. Bei normaler Witterung ist die Sorte widerstandsfähig gegen Mehltau und Blattfallkrankheit.

'Tatjana'

Die Sorte hat elliptische, mittelgroße, kaum behaarte Früchte mit einem ausgezeichneten Aroma, ihre Fruchtfarbe ist Hellgrün. Die Beeren werden Mitte bis Ende Juli reif. 'Tatjana' ist eine vielversprechende neue Sorte mit hohem Ertrag. Ihr Wuchs ist stark und buschig verzweigt. Die Pflanze ist fast dornenlos.

Rotschalige Stachelbeersorten sind besonders dekorativ.

Sehr beliebt – Heidelbeeren

Die Heidelbeeren *(Vaccinium corymbosum)* erfreuen sich immer größerer Beliebtheit, vor allem die Kulturheidelbeeren. Ihre blauen wohlschmeckenden Früchte sind größer als bei der Wildform, auch die Pflanzen selbst werden sehr viel höher als unsere heimischen Exemplare, die in einigen Gebieten im Wald auf sauren Böden wachsen. Die meisten Züchtungen für den Garten, aber auch für den Erwerbsanbau, kommen aus Amerika.

Heidelbeeren sind sehr gesund und köstlich. Neben viel Vitamin C enthält die Heidelbeere Karotin, Vitamin B_6 und Magnesium. Weitere Inhaltsstoffe, die Anthocyane, entfalten antioxidative Wirkung und helfen dadurch bei der Vorbeugung vieler Krankheiten.

Heidelbeeren sind selbstfertil, auch die Kulturformen der Heidelbeere, die vegetativ, also durch Stecklinge, vermehrt werden. Wie aber auch bei anderen selbstfertilen Pflanzen wird ein höherer Ertrag erreicht, wenn zwei verschiedene Sorten nebeneinanderstehen. Am besten gedeihen Heidelbeeren an sonnigen und halbschattigen Standorten.

Balkontaugliche Sorten
'Darrow'
Bereits seit den 50er-Jahren ist die kräftige Sorte im Handel. Sie erreicht eine Höhe von bis zu zwei Metern und benötigt einen warmen Standort in voller Sonne. Die Reifezeit ist spät. Die Beeren sind sehr groß, fest, stark bereift, sehr aromatisch und süß. 'Darrow' ist selbstfruchtbar, trägt aber sehr viel reichlicher, wenn sie eine zweite Sorte neben sich hat.

'Elizabeth'
Diese Spätsorte reift von Mitte August bis Mitte September. Die Früchte sind groß, hellblau, bereift, fest und sehr aromatisch. Die späte Reife macht diese Heidelbeersorte wertvoll. Ihre Früchte sind sowohl gut geeignet zum Frischverzehr als auch zum Konservieren. Die Pflanze hat einen hohen Zierwert und wird ca. 1,8 Meter groß. 'Elizabeth' bevorzugt einen sonnigen Standort.

Heidelbeeren sind im Handel nicht billig. Der eigene Anbau lohnt auf jeden Fall.

'Hardyblue'

Die mittelfrühe Sorte mit einer Reifezeit ab Ende Juli bis Anfang August produziert zuverlässig viele recht große mittelblaue Beeren. Sie eignet sich gut für den Balkon, weil sie auch in der Blütezeit unempfindlich gegen Frost und Niederschläge ist. Außerdem toleriert sie Staunässe weitaus besser als andere Sorten.

'Reka'

Hierbei handelt es sich um eine schnell und kräftig wachsende robuste Sorte. Sie bringt einen sehr hohen Ertrag, schon ab Anfang Juli. Die dunkelblauen Beeren sind mittelgroß und leicht zu pflücken. Sie sind platzfest und schmecken süßsäuerlich und sehr aromatisch. 'Reka' ist frosthart und nimmt auch höhere pH-Werte in Kauf.

Im richtigen Substrat gedeihen die Sträucher zuverlässig.

Tipp vom Gartenprofi

Substrat: Wegen der speziellen Ansprüche an den Boden werden Heidelbeeren am besten im Kübel kultiviert, wo ein Substrat ganz nach den Ansprüchen und Bedürfnissen der Pflanzen zusammengestellt werden kann. Heidelbeeren bevorzugen saure, humose, durchlässige und gut durchlüftete Standorte. Sie reagieren sehr empfindlich auf Austrocknen und Staunässe. Ein pH-Wert von 4,0 bis 5,0 ist für sie ideal. Günstig ist ein Gemisch aus guter Komposterde mit Laubhumus und einer Beimischung von Torfmull. Es gibt im Handel aber auch fertige Erden zu kaufen.

Schnitt und Pflege: Kulturheidelbeeren sollten anfangs nicht geschnitten werden. Nach vielen Jahren kann man bodennah Triebe entfernen, damit sich junges, ertragfähiges Holz bildet. Pflanzenschutzmaßnahmen sind bei Kulturheidelbeeren nicht erforderlich.

Mit Wildcharakter – Preiselbeeren

Die fruchtig säuerlichen Preiselbeeren *(Vaccinium vitis-idaea)* kennt man als typische Beilage zu Wild oder gebackenem Camembert. Roh schmecken die Beeren allerdings nicht, sie wurden früher aber wegen ihrer adstringierenden Wirkung als Heilpflanze, z. B. gegen Blasenentzündungen, verwendet. Die bis 40 Zentimeter hoch wachsenden immergrünen Sträucher sind in Europa vor allem in kühlen Gegenden verbreitet. Sie wachsen in trockenen Wäldern hauptsächlich unter Kiefern. Man findet Preiselbeeren auch in Hochmooren, insbesondere im Gebirge. Häufig kommt der Zwergstrauch in der Nähe von Heidelbeeren vor, denn beide Arten entstammen derselben Gattung und haben ähnliche Ansprüche an den Standort. Sie fühlen sich nur in saurem Boden mit einem pH-Wert unter 5,0 wohl.

Sehr gut lassen sich Preiselbeeren im Container kultivieren, es muss aber darauf geachtet werden, dass die Pflanzen immer ausreichend mit Feuchtigkeit versorgt sind. Zwischen Mai und Juni blühen die kleinen Sträucher mit weißen, manchmal rosa überhauchten Blüten. Aus ihnen entwickeln sich von Juli bis in den späten Oktober hinein glänzende dunkelrote Beeren.

Am besten gedeihen Preiselbeeren im Halbschatten, im tiefen Schatten setzen sie nur wenige Früchte an.

Versuche haben gezeigt, dass auch Sägemehl von Tannen oder Fichten als Alternative zu Torf beim Mischen des Kübelsubstrates verwendet werden kann. Als Düngung eignet sich am besten spezieller Langzeitdünger für Moorbeetpflanzen, den es fertig im Handel gibt.

Balkontaugliche Sorten

Es gibt nur eine kleine Auswahl an Preiselbeersorten. Die im Handel erhältlichen Sorten 'Koralle' und 'Red Pearl' sind reich tragende und großfruchtige Selektionen aus Wildvorkommen. Sie unterscheiden sich in der Kultur nicht von der Wildform.

Preiselbeeren entwickeln hübsche glöckchenartige Blüten.

Rechte Seite: Preiselbeeren nehmen es in puncto Schönheit mit jedem Ziergehölz auf.

Neuentdeckungen – Gesunde Vitaminbomben

Probieren Sie gerne mal etwas Neues? Beim Beerenobst ist das Sortiment in den letzten Jahren um einige Arten umfangreicher geworden, die im asiatischen Raum entdeckt wurden und sich inzwischen auch bei uns etabliert haben.

Gojibeere

Sie ist in aller Munde, die Gojibeere *(Lycium barbarum)*. Ihre süßsauren Beeren werden vor allem getrocknet angeboten und sind eine leckere Zugabe im Müsli. Sie strotzen nur so vor Vitaminen und Mineralstoffen. Goji blüht im Juni in einem sehr dekorativen Violettblau, und ab August reifen die etwa zwei Zentimeter großen länglichen, orangen Beeren. Die Reife zieht sich bis in den November hin. Die Beeren können roh gegessen, aber auch zu Saft und Marmelade verarbeitet werden. Die Gojibeere ist eine alte Pflanze, die seit Jahrtausenden in der traditionellen chinesischen Medizin angewendet wird. Sie hat angeblich eine aphrodisierende Wirkung.

Vom Anbau her ist der Strauch sehr unkompliziert. Er benötigt einen sonnigen bis halbschattigen Platz und stellt wenige Ansprüche an das Substrat. Die gute Winterhärte der Gojibeere macht sie für die Verwendung als Balkonpflanze besonders tauglich. Mit einem Winterschutz versehen, kann sie durchaus ganzjährig im Freien bleiben. Wie bei fast allen Wildgehölzen ist ein Schnitt nicht nötig. Lediglich nach Jahren können an der Basis Alttriebe entfernt werden. Das fördert die Bildung von jungem Holz, das dann reichlich Früchte trägt.

Balkontaugliche Sorten

'Big Lifeberry'
'Big Lifeberry' ist eine großfruchtige Auslese, die besonders hohe Ernten verspricht.

'Sweet Lifeberry'
'Sweet Lifeberry', eine chinesische Auslese, zeichnet sich durch einen feintriebigen, kompakten Wuchs mit kleineren Blättern und sehr zahlreichen, besonders süßen Früchten aus.

'Lifeberry No. 1'
'Lifeberry No. 1', auch eine chinesische Sorte, wurde wegen des besonders hohen Ertrags selektiert. Der Geschmack ist hervorragend.

Die eiförmigen Früchte der Gojibeere hängen aneinandergereiht an den Trieben.

Kamtschatkabeere

Die Kamtschatkabeere *(Lonicera kamtschatica)* reift als eine der ersten Beeren im Jahr schon im Mai. Sie ist deshalb auch besser bekannt als Maibeere. Diese Wildfruchtart ist in Ostsibirien beheimatet und muss dort mit extremen Umweltbedingungen zurechtkommen. Das Holz soll bis −45 °C, Blüten immerhin −8 °C Frost ertragen, ohne Schaden zu nehmen. Die Frucht ist der Heidelbeere ähnlich, aber wesentlich größer. Auch die Standortansprüche sind ähnlich, jedoch benötigt die Kamtschatkabeere zwar humosen, aber keinen sauren Boden. Der Austrieb ist bereits früh im Jahr, die Blütezeit der kleinen hellgelben Blüten im März.

Die Maibeere wächst recht langsam und erreicht eine Endhöhe von 120 Zentimetern. Schnittmaßnahmen sind normalerweise nicht nötig, ein Rückschnitt wird aber gut vertragen, wenn die Sträucher zu groß werden. Maibeeren sind selbstfruchtbar, eine zweite Sorte erhöht jedoch immer den Fruchtansatz. Die Früchte schmecken direkt vom Strauch, lassen sich aber auch zu Saft und Marmelade verarbeiten. Sie enthalten sehr große Mengen der Vitamine B und C.

Balkontaugliche Sorten

'Blue Velvet'
Diese großfrüchtige Neuzüchtung stammt aus den USA und wächst sehr kompakt. Die Endhöhe liegt bei knapp einem Meter.

Auch in kleinen Gefäßen wachsen die ungewöhnlichen Sträucher und tragen viele Früchte.

'Blue Bear'
Auch diese Sorte ist kompakt wachsend, dazu hat sie besonders große runde Früchte.

'Viola'
Mit zwei Metern wird 'Viola' relativ hoch und benötigt einen großen Kübel. Sie entwickelt längliche, sehr wohlschmeckende Beeren.

'Amfora'
Das Auffallende an dieser Sorte sind die großen vasenförmigen Früchte. Die Pflanzen werden etwa anderthalb Meter hoch.

Zitruspflanzen bringen den Traum vom Süden auf den Balkon.

Mediterrane Kübelpflanzen

Kübelpflanzen aus mediterranen Gebieten sind auch in unseren Gefilden außerordentlich beliebt. Neben zahlreichen Gattungen, die überwiegend als Zierpflanzen auf Balkon und Terrasse stehen, kommen auch Obstgehölze zum Einsatz, deren Früchte in warmen Sommern durchaus reif werden und frisch oder in verarbeitetem Zustand ganz hervorragend schmecken. Anders als die winterharten Obstbäumchen und Beerensträucher brauchen diese empfindlichen Sträucher ein frostfreies Winterquartier. Einzelne Exemplare lassen sich vielleicht noch im kühlen Hausflur unterbringen, bei großen Sträuchern und bei einer ganzen Sammlung könnte es eine Alternative sein, Pflanzen bei einem professionellen Gärtner im kühlen Gewächshaus unterzubringen. Viele Gärtner bieten einen solchen Überwinterungsservice inzwischen an, da gerade in den Städten ansonsten keine Möglichkeiten bestehen, die Pflanzen gut über den Winter zu bekommen.

Typische mediterrane Fruchtgehölze sind die unterschiedlichen Zitruspflanzen, daneben aber auch Feigen, Granatäpfel und Passionsblumen. Feigen können in sehr wintermilden Gebieten mit einem guten Schutz auch draußen überwintert werden, sicherer ist aber in jedem Fall ein Überwinterungsplatz in Gebäuden, die kühl, aber frostfrei sind.

Mediterrane Kübelpflanzen

Während Feigen, Granatäpfel und Passionsblumen mit einem normalen Substrat, das ausgewogen gedüngt und regelmäßig gewässert wird, gut zurechtkommen, benötigen Zitruspflanzen einen sauren Boden. Im Handel ist inzwischen spezielle Zitruspflanzenerde erhältlich, deren pH-Wert im erforderlichen Bereich liegt und die auch genau die richtige Dünger-Zusammensetzung hat. Ganz wichtig ist eine ausreichende Eisenversorgung, da Zitruspflanzen sonst zu Chlorosen neigen.

Balkontaugliche Zitrusgewächse
Limette

Wer gerne Longdrinks und Cocktails trinkt, dem wird die Limette *(Citrus aurantiifolia)* bekannt sein, die als fester Bestandteil des Caipirinhas sehr beliebt ist. Der Geschmack der grünschaligen reifen Frucht ist bitterer und weniger sauer als der der Zitrone. Der kleine Strauch wächst ziemlich sparrig, man benötigt also etwas Platz auf dem Balkon, und die Zweige sind mit sehr scharfen Dornen besetzt. Limetten sind besonders wärmebedürftig und benötigen auf dem Balkon einen sehr geschützten hellen Platz. Die Sträucher dürfen auf keinen Fall vor den Eisheiligen nach draußen gestellt werden. Auch im Herbst müssen Limetten, sobald die Temperaturen 12 °C unterschreiten, ins Haus geholt werden.

Zitrone

Zitronen *(Citrus limon)* kennt nun wirklich jedes Kind. Die Früchte sind aus unserer Küche gar nicht mehr wegzudenken, und deshalb ist es besonders schön, dass die Art als die pflegeleichteste unter den Zitruspflanzen für den Kübel gilt. Sie stammt aus Südostasien und hat eine interessante Besonderheit: An den Pflanzen können zu jeder Zeit sowohl Blüten als auch Früchte wachsen. Die Kronen haben ebenso wie die Limetten Dornen, die aber bei Weitem nicht so scharf sind.

Zitronen sind im Handel als buschige Sträucher erhältlich, es gibt aber auch kleine Bäumchen mit einem Stamm und einer rundlichen Krone.

Von der Zitrone sind mehrere Sorten im Handel, am bekanntesten ist 'Eureka', bei der die Eigenschaft, ständig Blüten und Früchte auszubilden, am stärksten ausgeprägt ist. 'Lisbon' ist sehr ähnlich, wächst aber kräftiger, und die Früchte sind meistens im Inneren der Kronen zu finden. Sehr empfehlenswert ist auch 'Meyeri', die als Hybride aus den Elternpflanzen *Citrus limon* und *Citrus sinensis* gezüchtet wurde. Ihre Früchte sind relativ mild mit weniger Säure, und ihre Schale ist dünner als bei klassischen Zitronen.

Chlorose ist eine Mangelerscheinung, die unterschiedliche Ursachen haben kann. Beim Auftreten einer Chlorose verfärben sich die Blätter bis auf die mittleren Blattrippen gelb. Spezielle Eisendünger, die alle zwei Wochen dem Gießwasser zugegeben werden, schaffen normalerweise Abhilfe.

Voraussetzung für viele Früchte sind die richtige Erde, der passende Dünger und Sonnenschein.

Mediterrane Kübelpflanzen

Kumquat

Nicht zu *Citrus*, sondern zur Gattung *Fortunella* gehört die Kumquat, von der es zwei Arten mit unterschiedlich geformten Früchten gibt, die ovalfrüchtige *(Fortunella marginata)* und die rundfrüchtige *(F. japonica)*. *Citrus* und *Fortunella* sind aber sehr eng verwandt. Die Sträucher wachsen langsam, sie werden auch meistens nicht auf eigener Wurzel kultiviert, sondern auf *Pontius trifoliata* veredelt, einer relativ winterharten Verwandten, die auch in unseren Gärten häufiger zu sehen ist. Das große Plus der Kumquat ist ihre Kälteunempfindlichkeit, sie verträgt kurzfristig Minusgrade von bis zu 10 °C. Das bedeutet, dass man sie an einem geschützten Standort, den Kübel gut eingepackt in isolierende Materialien, durchaus auch im Winter draußen stehen lassen kann. Von der Kumquat sind einige Sorten erhältlich, beispielsweise 'Nagani', 'Eustis' oder 'Meiwa', die sich aber in ihren Ansprüchen und ihrem Aussehen nur wenig unterscheiden.

Die meisten Zitrusgewächse benötigen ein sehr durchlässiges und zugleich nährstoffreiches Substrat, so auch diese hübschen Kumquats. Im Handel gibt es spezielle Zitruspflanzenerde, genauso gut eignet sich aber auch gute Balkon- und Kübelpflanzenerde, die man mit etwas Blähton oder Perlit vermischt, um die Wasserspeicherfähigkeit zu verbessern.

Feige

Mediterranes Lebensgefühl bringt die Feige (Ficus carica) auf den heimischen Balkon. In milden Gegenden mit Weinbauklima findet man sie auch ausgepflanzt, oft in warmen Innenhöfen oder an Wärme spendenden Südmauern. Ansonsten wird sie im Topf kultiviert. Auf dem Balkon sollte sie auf jeden Fall den wärmsten und geschütztesten Standplatz bekommen. In den letzten Jahren wurden einige relativ winterharte Sorten gezüchtet, die bekannteste Vertreterin ist die Bayernfeige 'Violetta', die ausgepflanzt und gut eingewachsen auch −10 bis −15 °C übersteht. Im Kübel allerdings verträgt sie nur leichte Fröste, da der Wurzelballen sehr viel leichter durchfriert. Neben 'Violetta' gibt es noch weitere robuste Sorten wie 'Brown Turkey', 'Nordland Bergfeige', 'Contessina' oder 'Rossa Rotonda'.

Die meisten Sorten fruchten an den im letzten Jahr gebildeten Trieben. Je häufiger diese Triebe den Winter überstehen, desto reicher wird die Ernte ausfallen. Die kleinen Früchte überwintern in den Blattachseln und reifen sehr ungleichmäßig. Sie sind dann genussreif, wenn das Fruchtfleisch unter Fingerdruck leicht nachgibt. Für einen guten Fruchtansatz sollte man darauf achten, dass der Wurzelballen im Frühjahr und Sommer nicht durchtrocknet, denn dies führt oft zum Abstoßen der Früchte.

In vielen Innenhöfen in unseren Weinbauregionen findet man Feigenbäume. Auch auf dem geschützten Balkon gedeihen sie.

Tipp vom Gartenprofi

Schnitt: Ein Schnitt der Feigenbäume ist nicht unbedingt nötig. Zurückgefrorene Triebe, die im März/April gut erkennbar sind, und zu lang gewordene Triebe sollten aber eingekürzt werden. Auch ein gelegentliches Stutzen ist mitunter notwendig, denn die Bäume können bis zu fünf Meter hoch werden.

Pflege: Da die Pflanzen im Winter die Blätter abwerfen, können sie kühl und dunkel überwintert werden. Eine garantiert frostfreie Garage bietet sich beispielsweise gut an. Ab März können die Pflanzen bereits stundenweise nach draußen, wenn entsprechende Temperaturen herrschen. Ab Mai siedeln sie dann ganz um auf den Balkon. Die Düngung ist während der Saison im Freien unbedingt nötig, am besten mit einem organischen Dünger, der wöchentlich bis Anfang August gegeben wird.

Rechte Seite: Das feine Laub des Granatapfels harmoniert bestens mit kleinblättrigen Immergrünen.

Passionsblume (Passifloren in Arten und Sorten)

Die Passionsblumen *(Passiflora)* gehören zu den faszinierendsten Blütengestalten, und jede Einzelblüte ist ein kleines Kunstwerk. Den meisten werden sie eher als Zimmerpflanzen bekannt sein, sie lassen sich aber in den Sommermonaten auch sehr gut im Kübel auf dem Balkon kultivieren. Da die Pflanzen klettern beziehungsweise Ranken entwickeln, mit denen sie sich an einer Kletterhilfe hochziehen können, benötigen sie ein niedriges Rankgitter oder eine ähnliche Kletterhilfe, die im Kübel verankert wird. Bei allzu stürmischem Wachstum können die Triebe aber auch jederzeit zurückgeschnitten werden.

Aus den Blüten entwickeln sich eiförmige Früchte, die sehr wohlschmeckend sind. Für einen guten Fruchtansatz sollte man die Pflanzen ab Mai regelmäßig mit einem Dünger für Blütenpflanzen versorgen. Die Überwinterung kann anders als bei den meisten Kübelpflanzen auch im geheizten Zimmer erfolgen.

Granatapfel

Der im Mittelmeerraum beheimatete und dort als Nutzpflanze kultivierte Granatapfel *(Punica granatum)* ist wegen seiner attraktiven, saftigen Früchte beliebt, aber auch wegen seiner dekorativen Blütenpracht. Kübelpflanzen werden im Handel als Hochstämmchen oder in klassischer Strauchform angeboten. In Abhängigkeit von der Sorte werden die Pflanzen zwischen ein und drei Meter hoch. Der Granatapfel darf ab Ende März, nach den strengen Frösten und bevor er neu austreibt, ins Freie. Am besten ist ein heller warmer sonniger Platz. Wie auch die anderen Zitrusgewächse benötigt auch der Granatapfel regelmäßige Düngergaben. Ab August wird dann nicht mehr gedüngt, damit das Holz besser ausreift und für die kalte Jahreszeit gerüstet ist.

Im Winter kommen die Pflanzen vor den ersten Frösten in ein dunkles, frostfreies Winterquartier. Eine Garage ist beispielsweise gut geeignet. Vor der Einwinterung werden die jungen Triebe um etwa ein Drittel eingekürzt. Im Winterquartier sollte die Pflanze so gut wie gar nicht gegossen werden, um einen zu frühen Austrieb zu verhindern.

Schon als junge Pflanzen setzen Granatäpfel Früchte an.

Hoch hinaus – auch Obst kann klettern

Rank- und Kletterpflanzen eignen sich, soweit sie nicht zu starkwüchsig sind, durchaus für den Balkon. Voraussetzung für die Kletterkünstler unter den Pflanzen sind ein ausreichend großer Kübel und eine geeignete Kletter- oder Rankhilfe, an der die Gewächse hinaufklettern oder -ranken können oder an die man die Pflanzen aufbindet. Das können an der Wand befestigte Spaliere aus Holz sein, Ranksysteme aus Metall oder auch Seile, die einfach zwischen Balkongeländer und Wand oder Decke verspannt werden.

Der Begriff Pergola stammt von dem lateinischen »pergula« ab und bedeutet so viel wie Anbau. In der Antike bezeichnete man den Säulenvorbau vor Villen und Palästen als Pergola. Heute hat eine Pergola nicht nur eine dekorative, sondern auch eine praktische Funktion als Sonnen- und Sichtschutz, besonders wenn Rankgitter oder Sichtschutzelemente zwischen den Säulen beziehungsweise Pfosten befestigt sind.

Holzkonstruktionen können elegant und modern sein, wenn eine schlichte geradlinige Bauart gewählt wird, aber auch ländlich rustikal wirken. Filigrane Metallkonstruktionen hingegen sind unauffällig und passen sich fast jedem Stil an. Auch moderne Edelstahlkonstruktionen harmonieren mit alter Bausubstanz.

Gut verankert

Wichtig ist, dass Rankhilfe oder Pergola gut verankert und auch in sich ausreichend stabil sind, denn mehrjährige Kletterpflanzen haben ein nicht zu unterschätzendes Gewicht, und das gilt auch für Kletterobst.

Die meisten Ranksysteme, die fertig konzeptioniert von verschiedenen Herstellern angeboten werden, sind empfehlenswert. Dabei

Besonders romantisches Flair auf dem Balkon vermittelt eine Pergola, die von Kletterpflanzen umrankt wird. Sie bietet nicht nur eine optische Abgrenzung, sondern umrahmt auch vom Garten oder von der Straße aus gesehen den Balkon auf dekorative Weise.

Wein benötigt immer ein Gerüst zum Klettern.

An einer warmen Wand reifen Weintrauben besonders gut aus und schmecken richtig süß.

gibt es Seil- und Gittersysteme, vor allem aus Edelstahl, aber auch Bausätze für Spaliere aus Holz, immer mit den passenden Befestigungssystemen, die auf die Art des Wandaufbaus und die zu erwartende Belastung durch die Pflanzen abgestimmt sind. Auch für Pergolen findet man im Handel fertige Bausätze, die ohne große Erfahrung zusammengebaut werden können.

Weinrebe

Aus dem Weinanbau ist der Weinstock bekannt, doch im Hausgartenbereich ist die Erziehung an Spalieren und Pergolen weit verbreitet. Auf alle Fälle brauchen Weinreben *(Vitis vinifera)* einen warmen und geschützten Platz. Im Handel sind einige Sorten für den Hausgarten erhältlich, deren Trauben zeitig reifen und sehr wohlschmeckend sind. Die modernen Züchtungen sind robust, tolerant gegen Pilzerkrankungen wie Mehltau und Botrytis und reich tragend. Außerdem verfügen sie über eine gute Winterhärte. Die meisten von ihnen haben praktisch keine Kerne mehr, dabei aber Fruchtgrößen, die bisher nur von südländischen Herkünften bekannt waren. Ein Balkon an der Südseite ist ideal. Wein hat sehr dekorative, handförmig gelappte Blätter, die sich bei den blautraubigen Sorten im Herbst zusätzlich in allen Rot- und Orangetönen verfärben. Die Blüten sind eher unscheinbar, aus ihnen entwickeln sich im Herbst dann die leckeren Beeren, die in langen Trauben zusammensitzen.

Wer seinen Balkon mit einer Pergola überspannt, kann es sich unter einem so schönen Dach aus Blättern und Früchten bequem machen.

Balkontaugliche Sorten

'Talizmann'
Eine weiße Traube mit außergewöhnlich großen Beeren. Sie schmeckt süß und aromatisch, die Trauben können ab Mitte September geerntet werden. Am besten gedeiht die Sorte an einer warmen Hauswand.

'Suzi'
Eine frostharte und starkwüchsige Neuheit aus Ungarn mit runden, knackigen und süßen Beeren, die ab Mitte August reifen. Für die Pergola ist sie ideal und erfreut schnell durch ein dichtes Blätterdach.

'Katharina'
Die besonders attraktive roséfarbene Sorte reift ab Ende September. Ihre Beeren sind länglich und zeichnen sich durch ein ausgewogenes Süße-Frische-Verhältnis aus. Eine warme Hauswand ist unabdingbar, um gut auszureifen.

'Venus'
Bei dieser kernlosen amerikanischen Züchtung stehen die Beeren in großen Trauben. Reifezeitpunkt ist ab Anfang September. Die Sorte ist starkwüchsig und frosthart und eignet sich bestens für den Einsatz an der Pergola.

'Philipp'
Etwas Besonderes ist die blaue Sorte 'Philipp', deren Beeren eine ungewöhnliche, spitz zulaufende Form haben und sehr dichte Trauben bilden. Sie ist starkwüchsiger und eignet sich

hervorragend für eine Pergola. Ab Ende September sind die wohlschmeckenden Trauben reif.

'Frumoasa Alba'

Aus Osteuropa gelangen seit Jahren hervorragende Sorten auf den heimischen Markt. 'Frumoasa Alba' aus Moldawien zeichnet sich durch große gelbe Beeren in lockeren Trauben aus und überrascht geschmacklich durch eine aparte Ananasnote. Am besten reifen die Trauben am sonnigen Wandspalier aus. Ab Mitte September können sie geerntet werden.

'Kodrianka'

Auch aus Moldawien stammt 'Kodrianka', eine rote Sorte mit großen ovalen, fast kernlosen Beeren, die ab Mitte September reifen. Die Trauben können bis zu anderthalb Kilo schwer werden. Auch geschmacklich kann die Sorte durch ihr fruchtig-mildes Aroma punkten.

Neue Züchtungen unter den Tafeltrauben sind robust und überzeugen durch ihren guten Geschmack.

> ### Tipp vom Gartenprofi
>
> **Schnitt:** Sollten die Weintrauben während der Fruchtreife zu sehr von ihren eigenen Blättern beschattet werden, entfernt man einige Blätter. So können die Früchte gut ausreifen. Schnittmaßnahmen zur Wachstumsbegrenzung werden am besten im zeitigen Frühjahr vor dem Austrieb vorgenommen. Dabei schneidet man bis auf drei bis vier kräftige Triebe alle Haupttriebe heraus. Die seitlich abgehenden Triebe davon werden wiederum auf zwei Augen zurückgeschnitten. Insgesamt sollte die Pflanze bis auf eine Höhe von einem bis anderthalb Meter zurückgenommen werden.
>
> **Pflege:** Trauben mögen es warm und trocken, jedoch sollte das Substrat die Feuchtigkeit gut halten können. Ideal sind deshalb lehmige Substrate. Welche Mischung die Baumschule empfiehlt, erfragen Sie am besten beim Kauf. Wichtig ist daneben ein ausreichend breiter und hoher Kübel, damit sich die Wurzeln gut entwickeln können. Während der Fruchtreife sollte man nicht zu viel gießen, da die Weintrauben in dieser Phase eher trockenen Boden bevorzugen.

Rechte Seite:
Zur Befruchtung benötigen Sie immer auch eine männliche Pflanze.

Die kleinfruchtigen Kiwis müssen Sie vor dem Verzehr nicht schälen.

Kiwi

Auch als Strahlengriffel oder Chinesische Stachelbeere bekannt, hat die Kiwi sich bei uns seit Jahren etabliert. Hauptsächlich eignen sich zwei Arten für den Anbau bei uns:

Kiwifrucht

Diese Kiwifrucht (*Actinidia deliciosa*) liefert die bekannten Früchte, die auch im Lebensmittelhandel angeboten werden. Sie stammen heute meist aus Neuseeland. Die Kiwifrucht ist sehr starkwüchsig und eignet sich nur in einem sehr großen Kübel für den Balkon. Durch ihren frühen Austrieb ist sie etwas spätfrostgefährdet und benötigt daher einen geschützten Platz. Bekannt sind die Sorten 'Hayworth', 'Jenny', die selbstfruchtend ist, und die robuste bayerische Züchtung 'Violetta'. Die meisten Sorten sind einhäusig, also männlich oder weiblich. Für den Fruchtansatz benötigen Sie also neben weiblichen immer auch eine männliche Sorte als Befruchter (außer eben bei 'Jenny').

Kleinfruchtige Kiwi

Im Gegensatz zu den großfruchtigen Kiwis sind die kleinfruchtigen (*Actinidia arguta*) und glattschaligen Minikiwis vollkommen winterhart. Die etwa walnussgroßen Früchte müssen nicht geschält werden, man kann sie mit der Schale essen. An eine Pergola gepflanzt, sorgen sie nicht nur für ein schattiges Blätterdach, sondern auch für eine reiche Ernte vitaminreicher Früchte. Wichtig ist dabei allerdings, dass zur Befruchtung immer eine männliche Pflanze, beispielsweise die Sorte 'Nostino', benötigt wird, die zwar keine Früchte trägt, aber dafür sorgt, dass der Fruchtansatz der weiblichen Sorten gewährleistet ist. Gute Sorten sind beispielsweise 'Ambrosia', 'Issai', 'Maki' oder 'Weiki'. Etwas Besonderes sind rotfrüchtige Sorten wie 'Ken's Red' oder 'Kiwai-Rouge'.

Stauden zum Naschen

Im Gegensatz zum Gemüse, das häufig ein- oder zweijährig ist, zählen viele Obstarten zu den Gehölzen, sind also Sträucher oder Halbsträucher. Eine der wenigen Stauden unter den Obstarten ist die Erdbeere, die zu den beliebtesten Obstarten überhaupt zählt. Auch die Banane ist eine Staude, die bei verschiedenen Garten-Versandhäusern angeboten wird. Neuere Züchtungen sind frosthart bis –10 °C und für den Kübel gut geeignet. Da Bananenstauden aber bis zu dreieinhalb Meter hoch werden, können sie nur für große Balkone empfohlen werden.

Erdbeere

Unsere Garten-Erdbeeren stammen nicht, wie man vielleicht vermutet, von den heimischen wilden Wald-Erdbeeren *(Fragaria vesca)* ab, sondern sind um 1750 aus Kreuzungen der Chile-Erdbeere mit der nordame-

Mit der richtigen Sortenwahl können Sie von Mai bis August Erdbeeren naschen.

rikanischen Scharlach-Erdbeere gezüchtet worden. Die Hybride verbreitete sich schnell in den Gärten Europas und wurde als Ananas-Erdbeere *(Fragaria* x *ananassa)* bezeichnet. Sie gilt als die Mutter aller heute bekannten Garten-Erdbeeren. Die kleinfruchtigen Monatserdbeeren, die kontinuierlich den ganzen Sommer über Früchte tragen, tragen auch Wald-Erdbeerenblut in ihren Genen. Botanisch gesehen ist die Erdbeere eine Staude aus der Familie der Rosengewächse und ist damit mit Äpfeln, Kirschen, Birnen und Pflaumen verwandt.

Erdbeeren sind eigentlich keine Beeren, sondern Sammelnussfrüchte. Die Samen sind kleine Nüsschen und sitzen an der Schale der Früchte.

Besonderheit: Hängeerdbeeren

Etwas Besonderes sind Hänge- bzw. Klettererdbeeren. Sie werden entweder in Hanging Baskets kultiviert, von wo sie ihre langen, mit köstlichen Früchten besetzten Triebe herunterhängen lassen können, oder auch in hohen Kübeln, wo die Triebe dekorativ über den Rand hängen können. Natürlich lassen sich die Erdbeeren auch als Kletterpflanzen heranziehen, sie benötigen dann ein etwa ein Meter hohes Rankgerüst, an dem sich die Triebe »festhalten« können. Sie benötigen aber etwas Hilfe durch vorsichtiges Leiten und Festbinden der Triebe.

Die besten Sorten

Die Sortenvielfalt ist groß, viele neue Züchtungen, beispielsweise 'Mieze Nova' oder 'Seascape', haben ein tolles Aroma und sind robust. Die Hängeerdbeeren haben sogar noch den Vorteil, dass sie über einen langen Zeitraum vom Frühsommer bis in den Herbst hinein fruchten. Hier ist die ältere Sorte 'Hummi' immer noch empfehlenswert. Sie kann auch an einem Spalier aufgebunden werden.

Köstliches in Augenhöhe: Erdbeeren im Hanging Basket.

> ### Tipp vom Gartenprofi
>
> **Wasserversorgung:** Wenn Sie getopfte Erdbeeren kaufen, tauchen Sie die Ballen vor dem Einpflanzen ins Wasser, bis sie gut durchfeuchtet sind. Pflanzen Sie sie dann so tief, dass die Oberkante des Ballens ein bis zwei Zentimeter mit Erde bedeckt ist. Bis die Pflanzen gut angewachsen sind, werden sie täglich gegossen.
>
> **Standort und Pflege:** Um reichlich Früchte anzusetzen, brauchen Erdbeeren einen sonnigen Standort. Als Dünger genügt eine Gabe mit organischem Volldünger im Frühjahr. Im Balkonkasten benötigen Erdbeerpflanzen etwa 20 bis 30 Zentimeter Abstand zwischen den einzelnen Pflanzen.

Exotik für den Balkon

Wer das Außergewöhnliche liebt und gerne experimentiert, der sollte unbedingt einmal etwas ungewöhnlichere Pflanzen auf dem Balkon auf ihre Tauglichkeit testen. Die Kultivierung von Andenbeere und Wonderberry ist nicht schwierig und bringt neue Geschmacksrichtungen und Verwendungsmöglichkeiten in die Küche.

Andenbeere

Ihren Namen erhielt die Andenbeere *(Physalis peruviana)* aufgrund ihrer Herkunft aus der Andenregion in Südamerika. Vor 200 Jahren wurde sie dann von Seefahrern nach Südafrika ans Kap der Guten Hoffnung gebracht, wo sie seitdem angebaut wird und dadurch ihren zweiten Namen Kapstachelbeere erhielt. Sie gehört zu den Nachtschattengewächsen und ist damit mit Tomaten, Paprika, aber auch unserem heimischen und giftigen Stechapfel verwandt, ebenso wie mit der winterharten Lampionblume, die einen ganz ähnlichen Fruchtaufbau hat.

Die orangefarbenen Früchte sind etwas kleiner als Kirschen und von einer im reifen Zustand hellbraunen, vertrockneten Hülle umgeben. Die Früchte enthalten unzählige kleine Samenkörner.

Wenn die Früchte der Andenbeere reif sind, trocknen die umgebenden Hüllblätter ein.

Andenbeeren werden gerne als frugale Dekoration verwendet.

Die Andenbeere ist nicht winterhart, sondern wird, wie auch die Tomate, als Einjährige kultiviert. Bereits im Januar werden die Samen an einem hellen Standort im Haus ausgesät. Sind die Jungpflanzen kräftig genug, werden sie in Einzelgefäße pikiert. Erst ab Mai dürfen die Pflanzen ins Freie, wo sie bald Blüten ansetzen, aus denen sich bis zum Frost immer wieder neue Früchte entwickeln. Der Geschmack der Andenbeere ist angenehm süßsäuerlich, mit einem feinen, an Ananas, Stachelbeere und Passionsfrucht erinnernden Aroma. Die Früchte samt geöffneter Hülle werden wegen ihres Aussehens auch gerne als essbare Dekoration auf kalten Buffets oder auf Süßspeisen verwendet. Die Andenbeere enthält reichlich Karotin, Provitamin A und die Vitamine B und C.

Wonderberry

Die seit Anfang des 20. Jahrhunderts bekannte Wonderberry, auch einjährige Garten-Heidelbeere *(Solanum burbankii)* genannt, wird im Freiland bis zu anderthalb Meter groß, kann aber auch problemlos im Kübel gehalten werden. Sie ist sehr eng mit der Tomate verwandt, wird auch ebenso kultiviert, und die Pflanzen bringen einen enormen Ertrag schwarzer, sehr wohlschmeckender Beeren hervor, deren Geschmack an Heidelbeeren erinnert. Das fortlaufende Blühen und Fruchten dauert von Ende Mai bis zum Frost. Die reifen Beeren sind frisch ein Genuss, lassen sich aber auch gut zu Marmelade verarbeiten.

Es dürfen nur die vollreifen Beeren verzehrt werden.

Ältere, schwache und kranke Triebe werden regelmäßig herausgeschnitten.

Hegen und pflegen

Die richtigen Pflege- und Schnittmaßnahmen wurden schon bei den einzelnen Obstarten angesprochen. Ganz allgemein benötigen Gehölze weniger Nährstoffe als einjährige Gemüsepflanzen, die ja in einem Jahr eine viel höhere Wuchsleistung erbringen müssen. Trotzdem sind die Ansprüche der Gehölze, Stauden und Einjährigen unter den Obstarten unterschiedlich, und es ist wichtig, diese zu kennen. Sowohl zu viel als auch zu wenig Dünger schwächt die Pflanzen, sodass sie viel schneller von Krankheiten und Schädlingen befallen werden.

Bis auf Spezialisten wie Moorbeetpflanzen benötigt Kübel-Obst eine ausgewogene Düngung ab Saisonstart bis in den Hochsommer hinein. Am besten eignet sich organischer Langzeitdünger, der die Nährstoffe nach und nach abgibt.

Ganz wichtig ist neben der Düngung eine gleichmäßige Wasserversorgung, denn auch im noch so großzügig bemessenen Kübel haben die Pflanzen weniger Wurzelraum als im Beet, sodass sie ihre Wurzeln nicht in

tiefere Gefilde ausbreiten können, um dort Wasser zu suchen. Ein völlig ausgetrockneter Wurzelballen ist Stress pur und schwächt die Pflanze ebenfalls erheblich.

Fraß- und Saugschädlinge

Auch Pflanzen, die sorgfältig gepflegt werden und an einem geeigneten Standort stehen, können von Schädlingen und Krankheiten heimgesucht werden. Oft ist der Befallsdruck nicht so hoch, dass man dagegen angehen müsste, zumal sich meist gleichzeitig die natürlichen Feinde der Schädlinge genauso stark vermehren. Manchmal ist der Befall aber doch ernsthaft und nur durch geeignete Präparate in den Griff zu bekommen.

Ein Befall mit Krankheiten und Schädlingen kann nicht immer verhindert werden, es ist aber ganz wichtig, den Pflanzen optimale Bedingungen zu geben, um sie so widerstandsfähig zu machen. Der richtige Standort, das passende Substrat, die richtige Wasserversorgung tragen erheblich zur Gesunderhaltung bei.

Im Kübel ist der Wurzelraum begrenzt. Daher ist regelmäßiges Gießen wichtig.

Hegen und pflegen

Blattläuse

Schadbild: Kleine schwarze oder grüne Insekten sitzen in Kolonien an Stängeln und Blättern weicher Zweigspitzen. Sie saugen den Pflanzensaft heraus, sodass sich Triebe und Blätter aufrollen und welken. Außerdem übertragen Blattläuse auch Pilzkrankheiten wie Rußtau, der sich durch einen schwarzen Belag zeigt.

Ursache: Oft werden Pflanzen, auch Gehölze, zu stickstoffhaltig gedüngt, wodurch die Triebe weich und anfällig werden. Manchmal ist aber auch einfach der Befallsdruck zu groß, wenn im Frühsommer besonders warmes Wetter herrscht.

Bekämpfung: Auf keinen Fall darf eine Pflanze überdüngt werden, besonders bei Stickstoff kann das leicht passieren. Sorgen Sie durch viel Grün und eine natürliche bunte Artenvielfalt dafür, dass sich die natürlichen Feinde wie Marienkäfer samt Larven und Florfliegen wohlfühlen. Vorbeugend können Sie mit kräftigenden Pflanzenbrühen, beispielsweise Brennnessel- oder Rainfarnbrühen, spritzen, die es auch als Fertigpackungen im Fachhandel zu kaufen gibt.

Raupen

Schadbild: Fraßstellen an den Blättern, oft bleibt nur noch das Gerippe übrig.

Ursache: Raupen treten in manchen Jahren epidemieartig auf, in anderen ist der Befall nur gering. Vorbeugen kann man dagegen nicht.

Bekämpfung: Am besten sammelt man die Raupen ab, was natürlich ein wenig Arbeit

Raupen können Pflanzen stark schädigen, wenn sie massenhaft auftreten.

GEHÖLZE UND MEHR – ZUM NASCHEN UND ERNTEN

macht. Zur Förderung von Nützlingen lohnt es sich, am Balkon oder in der Nähe Nisthilfen für Vögel anzubringen. Die Tiere werden dann ihre Brut mit den Raupen füttern.

Spinnmilben

Schadbild: An der Blattunterseite sind gelbweiße Sprenkel und winzige, etwa 0,3 Millimeter große Milben zu sehen. Die befallenen Blätter vertrocknen und fallen ab.
Ursache: Die Pflanze steht zu trocken und ist insgesamt schlecht ernährt.
Bekämpfung: Gehölze müssen ausreichend gegossen und angemessen gedüngt werden. Bei geringerem Befall können die betroffenen Pflanzenteile entfernt und vernichtet werden.

Pilz- und Viruskrankheiten
Grauschimmel

Schadbild: Blütenknospen sind mit einem grauen Belag überzogen und fallen ab.
Ursache: Der Standort ist zu luftfeucht oder es herrscht eine längere Regenperiode.

Oft ist das Absammeln der Schädlinge die einfachste und schonendste Methode der Bekämpfung.

Bekämpfung: Meist reicht es schon, die befallenen Knospen abzuschneiden und zu vernichten. Vorbeugende Spritzungen mit kräftigenden Pflanzenbrühen sind sinnvoll.

Mehltau

Schadbild: Mehliger weißer Belag auf Triebspitzen und Blättern.
Ursache: Starker Unterschied zwischen Tag- und Nachttemperaturen, allgemein feuchtes Wetter, sodass das Laub nur unzureichend trocknet.
Bekämpfung: Die befallenen Triebe müssen entfernt werden.

Tipp vom Gartenprofi

Der Einsatz von Fungiziden und Insektiziden im Hobby-Gartenbau ist sehr umstritten, und wenn möglich sollte unbedingt darauf verzichtet werden. Sollten Sie trotzdem bei einem sehr starken Befall ein Mittel einsetzen, müssen Sie immer vorschriftsmäßig vorgehen. Eine Überdosierung nach dem Motto: »Viel hilft viel« bewirkt das Gegenteil und die Pflanze wird noch mehr geschwächt. Halten Sie sich unbedingt an die Herstellerangaben.

BALKONGEMÜSE AUS EIGENER ERNTE

Wenig Platz – ungeahnte Möglichkeiten

Schon einige Töpfe und Kübel genügen, um eine Vielfalt an Gemüsesorten auf dem Balkon heranzuziehen.

Leckeres, knackiges Gemüse, pflückfrische Salate, aromatische Tomaten und richtig ausgereifte Paprika – das ist auch auf dem Balkon möglich. Besonders Wärme liebende Arten, deren Heimat in Südeuropa oder gar in tropischen Gefilden liegt, gedeihen auf dem geschützten, sonnigen Balkon noch besser als im Garten. Aber auch die klassischen Gemüse wie Karotten, Radieschen, Rote Bete oder die verschiedenen Kohlarten können auf dem Balkon kultiviert werden. Platz ist in Balkonkästen, Kisten, Kübeln oder auch in Hochbeeten.

Ein Platz für das Gemüse findet sich immer, vor allem natürlich rund um das Balkongeländer, denn der klassische Balkonkasten hat noch lange nicht ausgedient. Pflanzkästen, ebenso wie alle anderen Pflanzgefäße, gibt es in bunten Farben, ausgefallenen Formen und edlen Materialien, dazu mit vielen praktischen Details.

Viele Sorten eignen sich für den Anbau in Töpfen und Kästen auf dem Balkon. In den letzten Jahren sind aber vermehrt auch Sorten auf den Markt gekommen, die extra für den Anbau in Kästen und Kübeln gezüchtet wurden. Das Minigemüse erobert nun unsere Terrassen und Balkone. Mithilfe dieser schwachwüchsigen und platzsparenden Pflanzen kann auf dem Balkon eine große Artenvielfalt erreicht werden.

Ob als Naschgemüse oder zur Verarbeitung in der Küche: Die eigene Ernte macht Spaß, und gesünder als ganz frisch geerntet kann Gemüse gar nicht sein. Die neuen Sorten sind nicht nur wohlschmeckend, sondern auch appetitlich anzusehen und zeichnen sich durch Robustheit und Widerstandsfähigkeit aus.

Für die Anzucht von Jungpflanzen eignet sich ein einfaches Regal, das mit einer durchsichtigen Abdeckfolie geschützt wird.

Rückenschonendes Gärtnern mit Hochbeeten

Hochbeete haben eine lange Tradition und sind vor allem im naturnahen Gartenbau weit verbreitet. Durch den besonderen Aufbau kann ein Hochbeet mehr Wärme speichern als ein flaches Beet.

Darüber hinaus hat ein Hochbeet noch einen anderen, sehr großen Vorteil: Das Bücken, das den durch langes Sitzen im Büro geschwächten Rücken zusätzlich belastet, entfällt. Man kann aufrecht und entspannt sämtliche Pflanz-, Pflege- und Erntearbeiten durchführen. Das ist nicht nur für ältere Menschen vorteilhaft, sondern auch für die jüngere Generation.

Wer über etwas handwerkliches Geschick verfügt, kann ein Hochbeet selber bauen, einfacher sind aber fertige Bausätze, entweder edel aus Holz, vielleicht sogar mit einer Umrandung aus geflochtener Weide, oder aber günstig, praktisch und auf Dauer wetterfest aus Kunststoffmaterialien, die einfach nur zusammengesteckt werden. Als Zubehör gibt es Frühbeetabdeckungen, Vliese und auch Netze gegen Schädlinge.

Hochbeete aus Kunststoff oder Sperrholz fügen sich gut in die Umgebung ein, wenn sie sich farblich anpassen.

BALKONGEMÜSE AUS EIGENER ERNTE

Ein gemauertes Hochbeet ist etwas für viele Jahrzehnte. Doch auch leichtere Konstruktionen sind lange haltbar.

Der Aufbau Schicht für Schicht

Der innere Kern des Hochbeetkastens wird mit Ästen und Zweigen gebaut. Damit ist für eine gute Durchlüftung gesorgt und die Verrottung des aufgeschichteten Materials gewährleistet. Gut bewährt hat sich eine Mischung aus grob gehäckseltem Material und ganzen Ästen. Darüber kommt eine Schicht Grünschnitt, die mit feinerem Mulchmaterial gemischt werden kann. Es folgt eine etwa 30 Zentimeter dicke Laubschicht, darauf kommt noch eine 15 Zentimeter dicke Schicht aus Grobkompost. Den Abschluss bildet eine 25 Zentimeter dicke Schicht aus Feinkompost und Gartenerde. Zwischen die einzelnen Schichten wird etwas Urgesteinsmehl gestreut. Einige Jahre kann das Hochbeet so genutzt werden, dann sackt es aber nach und nach zusammen. Nach fünf bis sechs Jahren muss es komplett ausgeräumt und neu aufgeschichtet werden.

Da das Hochbeet aus verschiedenen Schichten verrottbaren Materials aufgebaut ist, entsteht bei der Verrottung erhebliche Wärme, die den Pflanzen zugutekommt: ungefähr 4 bis 5 °C im ersten Jahr gegenüber dem Flachbeet. Das ist der Grund dafür, dass die Pflanzen schneller wachsen und gedeihen. Darüber hinaus ist die Nährstoffversorgung optimal. Gemüse, das in einem Hochbeet wächst, muss nicht gedüngt werden.

> ### Nährstoffbedarf von Gemüse
>
> Gemüse werden in Stark-, Mittel- und Schwachzehrer eingeteilt. Im Nutzgarten ist wichtig zu wissen, welche Gemüse viele und welche weniger Nährstoffe benötigen, denn danach richtet sich die Fruchtfolge. Im Hochbeet ist das ebenfalls wichtig, denn werden im ersten Jahr Schwachzehrer wie Salat gepflanzt, nehmen diese zu viele Nährstoffe auf. In der Folge kann das zu einem erhöhten Befall mit Krankheiten und Schädlingen führen. Kommen die Starkzehrer dann in den nächsten Jahren auf das Beet, erhalten sie zu wenig Nährstoffe, kümmern oder es muss nachgedüngt werden.
>
> **Starkzehrer** haben meist eine lange Vegetationszeit: Tomate, Chinakohl, Sellerie, Porree, Brokkoli, Kopfkohl, Rosenkohl
>
> **Mittelzehrer** haben eine mittlere Vegetationszeit: Eissalat, Möhre, Endiviensalat, Rettich, Kohlrabi, Spinat, Rote Rübe, Gurke
>
> **Schwachzehrer** haben meist eine kurze Vegetationszeit (Ausnahmen bilden Erbsen und Bohnen, die durch eine Symbiose mit Knöllchenbakterien Stickstoff aus der Luft binden können): Feldsalat, Radieschen, Kopfsalat, Erbse, Bohne, Zwiebel

Ein Hochbeet bepflanzen

Am besten wird das Hochbeet im Herbst oder zeitig im Frühjahr angelegt. Bei seiner Bepflanzung ist es ratsam, nach den Regeln der Mischkultur vorzugehen. Wie der Begriff schon verrät, werden hierbei viele verschiedene Arten nebeneinander angepflanzt. Diese Methode bringt eine gute Ernte auf kleinem Raum. Bei der Mischkultur schützen sich die Pflanzen gegenseitig. Auch Kräuter, zwischen Gemüse gepflanzt, können viel Gutes bewirken, sowohl als Abwehr gegen Schädlinge als auch zur Geschmacksverbesserung.

In den ersten beiden Jahren pflanzt man Starkzehrer wie Tomaten, Kohl, Sellerie, Lauch, Gurken und Zucchini in das Hochbeet, die von den reichlich vorhandenen Nährstoffen profitieren. Schwachzehrer wie Salat und Spinat folgen daher erst ab dem dritten Jahr. Die Ernte kann durch Folientunnel oder Vlies auch noch verfrüht werden. Wird das Hochbeet an eine Südwand angelehnt, erwärmt sich das Beet noch rascher.

Gute Nachbarn im Gemüsebeet sind z. B.:
- Tomaten und Petersilie
- Karotten und Zwiebeln
- Salat mit Radieschen und Kerbel
- Gurken und Dill.

Und mit Kapuzinerkresse, Tagetes und Ringelblumen kommt nicht nur Farbe zwischen das Gemüsegrün, die Pflanzen vertreiben auch Schädlinge.

Tomaten – reiche Ernte vom Genießerbalkon

Nicht nur im Salat, sondern auch auf der Pizza, in der Suppe, auf dem Brot oder einfach zwischendurch zum Naschen – Tomaten *(Lycopersicon esculentum)* sind vielseitig wie kaum eine andere Frucht und darum zu Recht so beliebt. Und weil sie frisch geerntet noch viel besser schmecken als aus dem Supermarkt, lohnt sich der Anbau auf dem Balkon. Abgesehen davon können Sie auf diese Weise die ganze Saison eine unvergleichliche Sortenvielfalt genießen.

Die Anzucht von Tomaten aus Samen ist nicht schwierig, aber langwierig und sollte bereits im März geschehen. Pünktlich zur Balkonsaison sind im Fachhandel aber auch kräftige Jungpflanzen in den verschiedensten Sorten erhältlich.

Ganz oben auf der Hitliste der Lieblingsgemüse stehen die Tomaten. Die neuen Sorten sind widerstandsfähiger gegen die gefürchteten Virus- und Pilzkrankheiten als viele ältere Sorten und bringen gleichzeitig erstaunliche Erträge. Doch auch unter den

Tomaten sind sehr gesund. Sie bestehen überwiegend aus Wasser und sind deshalb sehr kalorienarm, der restliche Teil wartet mit zahlreichen Mineralstoffen, Flavonoiden, den Vitaminen A, B, C und E, Selen und Lycopin auf.

historischen gibt es sehr empfehlenswerte Sorten. Besonders beliebt sind die süß schmeckenden Cherrytomaten, deren Früchte wie Perlen an den langen Fruchttrieben aufgereiht sind.

Das A und O des Erfolgs: Gießen und düngen

Tomaten sind echte »Schluckspechte«, was Dünger und Wasser angeht. Sie wollen stets gut mit beidem versorgt sein, sonst fällt die Ernte spärlich aus. Allerdings nehmen sie auch eine kräftige »Dusche von oben« ausgesprochen übel und rächen sich mit zahlreichen Pilz- und Viruserkrankungen. Regenreiche Sommer können ihnen deshalb den

Viele Tomatensorten wachsen hängend und eignen sich daher besonders gut für den Balkonkasten.

Rechte Seite:
So sieht Tomatenvielfalt aus: Von der kleinfruchtigen Wildtomate bis zur kiloschweren Fleischtomate, dazu Farbvarianten von Grün bis Dunkelrot.

Bei Stabtomaten kneipt man die schwachen Seitentriebe heraus, damit die Haupttriebe sich kräftiger entwickeln.

Garaus machen. Es wird also nur der Wurzelbereich regelmäßig und ausreichend mit der Gießkanne (ohne Brause) oder dem Schlauch gegossen. Außerdem ist eine gleichmäßige Feuchte wichtig, denn sonst besteht die Gefahr, dass die Früchte platzen.

Tomatenpflanzen benötigen ausreichend große Gefäße. Es darf immer etwas Wasser im Untersetzer stehen. Zur Düngung eignen sich am besten spezielle Tomatendünger. Effektiv zur Versorgung mit Nährstoffen und zur Erhaltung der Bodenfeuchtigkeit ist das Einarbeiten von Kompost in das Substrat.

Tomatenpflege

Im Gegensatz zu buschig und hängend wachsenden Sorten müssen höherwüchsige regelmäßig aufgebunden werden. Hierzu eignen sich spezielle, korkenzieherartig gedrehte Tomatenstäbe gut, einfache Bambusstäbe leisten aber auch gute Dienste. Schwache Seitentriebe werden ausgekniffen, um die ganze Kraft in die fruchttragenden Triebe zu lenken. Wenn die Pflanzen zu blühen beginnen, wird der oberste Trieb abgeknipst, denn das regt die Fruchtbildung an.

Strategien gegen Kraut- und Braunfäule

Zwar sind die modernen Sorten meist relativ widerstandsfähig gegen die gefürchtete Kraut- und Braunfäule, trotzdem kommt es in ungünstigen Jahren immer wieder zu erheblichen Ausfällen. Die Sporen des verursachenden Pilzes können sich nur entwickeln, wenn das Laub feucht oder gar nass ist. Mit einigen Maßnahmen kann man allerdings die Gefahr einer Infektion erheblich reduzieren:

- Pflanzen Sie auf jeden Fall widerstandsfähige Sorten.
- Entfernen Sie die untersten Blätter, damit sie beim Gießen nicht durch Spritzwasser benetzt werden können.
- Weit auseinandergestellte Pflanzen trocknen nach einem Regenguss schneller wieder ab.
- Stellen Sie die Tomatenkübel an einen möglichst regengeschützten Platz.

Veredelte Tomaten

Im Erwerbsgartenbau werden Tomaten inzwischen teilweise auf eine Wildtomatenunterlage veredelt. Diese ist gegen bestimmte Wurzelkrankheiten und Nematoden resistent, vor allem aber sehr wüchsig und kältetoleranter. Versuche in Sommern mit schlechten Klimabedingungen zeigten, dass veredelte Tomaten einen deutlich höheren Ertrag brachten. Daher lohnt sich auch der etwas höhere Preis gegenüber einfachen Sämlingen. Veredelte Pflanzen sind im Fachhandel erhältlich. Wichtig beim Einpflanzen: Die Veredelungsstelle muss oberhalb der Erde bleiben.

Großfruchtige Sorten eignen sich gut zum Füllen mit Frischkäse oder Hackfleisch.

Balkontaugliche Sorten

Die Sortennamen machen neugierig: Was verbirgt sich aber hinter den wohlklingenden oder auch fremdartigen Namen? Bei der Sortenvielfalt ist es gar nicht so einfach, sich für einzelne Sorten zu entscheiden. Die folgende Auswahl gibt einen kleinen Überblick über die Vielfalt in Geschmack und Aussehen.

'Berner Rose'

Eine uralte, sehr ertragreiche Sorte mit sattroten, mittelgroßen, gleichmäßig rund geformten Früchten. Typ Fleischtomate, wohlschmeckend.

'Brillantino F1'

Cherrytomate für Balkonkästen mit buschig überhängendem Wuchs. Bei ihr ist ein Ausgeizen von Seitentrieben nicht erforderlich. Sie bildet viele, sehr geschmackvolle Naschfrüchte.

'Caprese'

Eine fruchtig schmeckende Kirschtomate, Typ San-Marzano-Tomate im Miniformat. Die mundgerechten Früchte haben die für italienische Flaschentomaten typische längliche Form. Sie wächst recht kräftig und benötigt einen Stab, an dem sie aufgebunden wird.

'Celsior'

Eine Stabtomate, die kleine flaschenförmige, besonders festfleischige und aromatische Früchte bildet und in Italien deshalb besonders gerne als Salat verwendet wird.

'Cocktail-Clementine'

Eine Stabtomate, die aufgebunden werden muss. Die gelborangen Tomaten sind etwa mirabellengroß. Feinsäuerlicher Geschmack, erinnert an Südfrüchte.

'Gelbes Birnchen'

Eine Stabtomate mit länglichen kleinen Früchten in langen Rispen und säuerlich erfrischendem Aroma. Eine tolle Sorte zum Naschen.

'Green Sausage'

Eine traditionelle englische Tomatensorte mit länglichen grün gestreiften Früchten.

Den Reifezustand dieser grün abreifenden Tomate erkennt man an dem Farbumschwung von Grün-Weiß nach grünlich Gelb. Die Sorte wächst buschig-überhängend und eignet sich bestens für Hanging Baskets. Die Früchte sind äußerst wohlschmeckend.

'Green Zebra'

Eine attraktive Sorte, deren gestreifte Früchte im reifen Zustand grün bis grüngelb bleiben. Das Fleisch ist hellgrün und saftig, von feinem Geschmack; die Schale dünn, dennoch platzfest. 'Green Zebra' kann als Stabtomate oder buschförmig gezogen werden.

'Hygora'

Eine Stabtomate, die sehr gut für den Frischverzehr geeignet ist. Diese Tomatensorte ist eine echte Rarität. Die orangeroten, mittelgroßen, behaarten Früchte haben ein einzigartiges fruchtiges Aroma.

'Kremser Perle'

Eine sehr reich tragende, buschig wachsende alte Sorte aus Österreich, die nicht aufgebunden werden muss. Ihre Früchte sind platzfest, die aromatische Sorte ist sehr widerstandsfähig gegen Krankheiten.

'Novogoschary'

Eine rot-gelb gestreifte, paprikaförmige Hohltomate aus Russland mit außerordentlich hohem Ertrag. Die robuste Sorte ist bestens zum Füllen mit Frischkäse geeignet. Die Stabtomate muss aufgebunden werden.

'Ochsenherz'

Spitzfruchtige Sorte, hellrot, am Stängelansatz in Gelb übergehend. Kräftig im Geschmack, schnittfest; die ideale Salattomate. Die Pflanzen sind starkwüchsig, bis zwei Meter hoch und müssen gestäbt werden.

'Tigerella'

Stabtomate mit mittelgroßen, rot-gelb gestreiften runden Früchten in kompakten Trauben. Die Sorte vereint hohen Ertrag und guten süßsäuerlichen Geschmack, ist dabei sehr robust.

Längliche Tomaten vom San-Marzano-Typ gelten als besonders aromatisch und werden gerne im Salat verwendet.

Paprika, Peperoni und Chili – scharfe Früchtchen

Unter der Art *Capsicum annuum* werden alle drei Gemüse zusammengefasst. Je nach Schärfegrad und Aussehen (Fruchttyp) sind die Pflanzen allerdings unter verschiedenen Bezeichnungen bekannt. Die Sorten mit den großen, milden, rundlichen bis zylinderförmigen oder stumpfkegeligen Früchten werden als Paprika bezeichnet, während schmale längliche Formen als Peperoni verkauft werden. Peperoni können mild oder scharf sein, während Chilis immer einen scharfen Geschmack haben, in der Form aber ziemlich variabel sind. Es gibt Sorten, die wie kleine Mützen aussehen, glockenförmige oder eben klassische längliche Zipfelmützen. Und was für uns Mitteleuropäer schon höllisch scharf ist, ringt vielen Ostasiaten nur ein mildes Lächeln ab. Dort gibt es Sorten, die für uns schlichtweg ungenießbar sind. Egal wie scharf, sind alle Formen der Paprika sehr gesund und besonders reich an Vitamin C, aber auch an Mineralien und sekundären Pflanzenstoffen.

Der Begriff F1-Hybride stammt aus der Vererbungslehre von Gregor Mendel. Es ist die aus einer Kreuzung hervorgegangene erste Tochtergeneration, die sogenannte Filiale 1. Samen mit dieser Bezeichnung sind sehr hochwertig und deshalb auch teuer. Die Pflanzen bringen gute Erträge und auch garantiert die Frucht- oder Blütenfarbe, die auf der Packung steht. Eine Vermehrung des Saatguts ist dagegen nicht anzuraten.

Hegen und pflegen

Capsicum annuum ist mit der Tomate verwandt und hat auch die gleichen Ansprüche an Standort und Pflege. Sie stammt ursprünglich aus Südamerika, und das bedeutet, dass der wärmste und geschützteste Platz auf dem Balkon gerade richtig ist. Paprika gedeiht am besten, wenn alles reichlich zur Verfügung steht: Sonne, warme Nächte, ausreichend Dünger von Juni bis Ende August und eine gute Wasserversorgung. Die Erde darf nie austrocknen, sonst fallen Knospen und Früchte vorzeitig ab.

Für eine reiche Ernte ist es sinnvoll, die erste Blütenknospe, die sogenannte Königsblüte, auszukneifen. Sie befindet sich in der obersten Verzweigung. Wird das nicht gemacht, steckt die Pflanze ihre ganze Kraft in diese Blüte und versorgt die sich danach bildenden nicht ausreichend.

Um selber Paprikapflanzen heranzuziehen, sollte der Samen bereits im Februar auf einer warmen, sonnigen Fensterbank ausgesät werden, und zwar entweder gleich einzeln in Quelltöpfe oder in eine große Kiste oder Anzuchtschale. Dann muss allerdings später noch pikiert werden. Bis nach den Eisheiligen müssen Paprika und Co. dann noch im Zimmer oder warmen Gewächshaus bleiben, denn Temperaturen unter 10 °C werden nicht vertragen.

Balkontaugliche Sorten von Paprika, Peperoni und Chili

'Hunor' (Paprika)

Eine moderne F1-Hybride vom traditionellen ungarischen Typ mit mittelgroßen, spitz zulaufenden Früchten, die von Grün über Gelb nach Rot abreifen. Dadurch bietet die Pflanze immer ein attraktives Farbenspiel. Die Früchte schmecken mild und sind sehr saftig, ihre Schale ist sehr dünn. Eine ideale Naschpaprika, besonders für Kinder! Die Sorte ist robust und resistent gegen das Tabakmosaikvirus.

'Jalastar' (Chili)

Eine mittelfrüh reifende, glänzende, scharfe Chili mit sehr hohem Fruchtansatz. Die Früchte sind etwa sechs bis acht Zentimeter lang und haben eine dicke Fruchtwand. Die Früchte sind besonders geeignet für Dips, zum Würzen, Füllen und Einlegen. Sie wächst recht kräftig und ist über eine Stütze dankbar. Die Früchte reifen von Grün nach Rot ab und gewinnen dabei erheblich an Schärfe.

'Kekova' (Paprika)

Eine Paprikasorte (F1-Hybride) mit sehr langen, spitz zulaufenden Früchten, mit aromatischem, mildscharfem Geschmack. Die dünnschaligen, leicht gedrehten Früchte reifen von Grün nach Rot ab. Die Sorte ist von Natur aus resistent gegen das Tabakmosaikvirus.

'Nazar' (Paprika)

Die F1-Hybride hat blockförmige, dickwandige, zunächst grüne, dann rot abreifende Früchte, die sehr wohlschmeckend sind. Die Sorte ist ertragreich und robust und ideal für den Balkonkasten oder die Kultur im Kübel geeignet. Sie wächst kompakt und benötigt keine Stütze.

'Lombardo' (Peperoni)

'Lombardo' ist ein milder Peperoni-Typ mit zehn bis 15 Zentimeter langen und zwei bis drei Zentimeter dicken Früchten. Die zuerst hellgrünen Schoten reifen rot ab und haben einen aromatischen, milden Geschmack. Für einen reichen Ertrag ist es sinnvoll, die Pflanze zweitriebig zu ziehen, das heißt, schon im Jungpflanzenstadium den Haupttrieb einzukürzen und so eine Verzweigung anzuregen.

Minipaprika und -peperoni passen selbst auf den kleinsten Balkon und vermitteln südländisches Flair.

'Orias' (Peperoni)

Diese wüchsige und ertragreiche Peperoni bildet zahlreiche, bis 18 Zentimeter lange, spitz zulaufende, leicht gedrehte Früchte aus. Sie sind zunächst hellgrün, reifen dann im Endstadium feuerrot ab und haben einen kräftig pfefferigen Geschmack von mittlerer Schärfe. Die buschig wachsenden Pflanzen benötigen keine Stütze. Eine robuste Sorte, die zudem resistent gegen das Tabakmosaikvirus ist.

'Pinokkio' (Paprika)

Eine ertragreiche Neuzüchtung (F1-Hybride) mit länglichen, aromatischen Früchten, die bei Vollreife zuckersüß werden. Sie reifen früh, zunächst hellgelb und färben sich bei Reife leuchtend orangerot. Kinder mögen diese Sorte besonders gern. 'Pinokkio' ist robust, unempfindlich gegen kühle Witterung und resistent gegen das Tabakmosaikvirus.

'Pusztagold' (Paprika)

Ein Klassiker unter den Paprikasorten, mit blockförmigen Früchten, die zur Spitze hin leicht dreieckig auslaufen und etwa 15 Zentimeter lang werden. Sie reifen hellgelb ab und haben einen milden Geschmack. Die Pflanzen wachsen buschig, sind standfest und benötigen keine Stütze.

Eine robuste Sorte für die Balkonkultur ist 'Starflame'. Die kleinen Früchte werden mit zunehmender Reife immer würziger.

Links:

Ein dekorativer Kranz aus frischen oder getrockneten Peperoni ist lange haltbar.

Rechts:

Wie Zipfelmützen sehen die Früchte vieler kleinwüchsiger Sorten aus.

'Starflame' (Chili)

Eine reich tragende Züchtung mit vielen zehn bis 13 Zentimeter langen schlanken und spitzen Früchten in leuchtendem Gelb. Die buschig wachsenden Pflanzen sind ideal als Balkongemüse im größeren Topf zu ziehen, da sie nur etwa 40 Zentimeter hoch werden. Die Früchte sind erst grün, werden zur Reife dann leuchtend gelb und gewinnen während der Reifung an Würze. Die Sorte ist robust und wüchsig, ihre Schoten lassen sich frisch verwenden, aber auch gut trocknen.

'Szuszanna' (Paprika)

Diese Paprika ist zuckersüß mit typischem Paprikageschmack und sehr guter Freilandeignung, dazu wüchsig und standfest. Sie benötigt keine Stütze, ist wenig krankheitsanfällig und ertragreich. Das Besondere sind die kugelrunden, rot abreifenden Früchte, die durchschnittlich 100 Gramm wiegen.

'Toscana' (Peperoni)

Eine aromatische Sorte mit zunächst grünen, ausgereift aber feuerroten dickfleischigen, länglichen, leicht gedrehten Früchten. Sie schmecken in vollreifem Zustand zuckersüß und mild aromatisch. In der Toskana schätzt man sie gedünstet oder gegrillt als Bestandteil der Antipasti, als Pizzaauflage oder auch süßsauer eingelegt. Die Pflanzen der Peperonisorte 'Toscana' wachsen buschig, sind robust und produzieren eine hohe Menge an leckeren Schoten.

Rechte Seite:
Diese Jungpflanzen warten darauf, nach den Eisheiligen ins Freie zu kommen.

Gurke und Zucchini – vielseitig und problemlos

Beide Arten gehören zu den Kürbisgewächsen (Cucurbitaceae) und sind eng miteinander verwandt. In vielen Teilen Europas werden sie schon lange kultiviert. Es handelt sich dabei um einjährige Pflanzen, die niederliegend und kletternd wachsen und dabei ein bis zwei Meter lang werden können. Moderne Sorten wachsen allerdings wesentlich gedrungener und kompakter. Die Pflanzen sind borstig behaart, die recht großen mehrlappigen Blätter sind gestielt und ebenfalls behaart.

Gurken

Bei den Gurken *(Cucumis sativus)* unterscheidet man zwischen den länglichen Schlangengurken, die meist roh als Salatzutat verwendet werden, und den viel kleineren Einlegegurken, die meist süßsauer konserviert werden. Allerdings sind die Übergänge fließend, natürlich können Sie auch die kleinen Einlegegurken roh essen. Es gibt außerdem

Viele Gurkensorten sind eher fürs Gewächshaus als für das Freiland geeignet, aber es gibt etliche Sorten, die nicht nur robust genug sind, sondern auch so moderat in ihrem Wuchsverhalten, dass sie sich für die Kultivierung in einem größeren Kübel eignen.

Kräftige Sämlinge werden einzeln in Töpfe pikiert, wo sie zügig weiterwachsen.

BALKONGEMÜSE AUS EIGENER ERNTE

auch besondere Sorten wie die gelb reifende Zitronengurke, die mit einem sehr süßen Geschmack überrascht.

Zucchini

Zucchini *(Cucurbita pepo)* sind genau genommen eine Unterart des Kürbisses mit meist länglichen Früchten, die am besten schmecken, wenn man sie nicht ausreifen lässt, sondern bereits erntet, wenn sie noch klein und damit besonders zart sind. Es gibt aber auch runde Formen und solche, deren Früchte wie kleine Ufos aussehen. Diese Patissons werden zwar oft zu den Kürbissen gezählt, stehen vom Geschmack aber den Zucchini näher. Für den Balkon sind diejenigen Sorten am besten geeignet, die keine starken Ranken ausbilden, sondern eher kompakt wachsen.

Hegen und pflegen

Die Anzucht beider Arten ist nicht schwierig. Die Samen werden ab März im Haus einzeln in Quelltöpfe (aus Torf- oder Kokosfasergemisch) oder in kleine Töpfchen ausgesät. Aus den Samen entwickeln sich kräftige Pflanzen, die ab Mai in Kübel gepflanzt und auf den Balkon gebracht werden. Am besten gedeihen sie an einem sonnigen und geschützten Standort. Die Früchte reifen ab Juli nach und nach bis zum Frost. Für eine gute Ernte wollen Gurken und Zucchini gut mit Wasser und organischem Dünger versorgt werden, als Substrat ist Komposterde die beste Wahl.

Balkontaugliche Sorten von Gurken

'Armenian Yard'

Historische Gurke, die um 1850 von armenischen Einwanderern in die USA gebracht wurde und dort bis heute angebaut wird. Die hellgrünen Früchte werden sehr lang, man erntet sie aber am besten bei einer Größe von 40 Zentimetern. Die gerippte Schale ist sehr weich, daher brauchen die Früchte nicht geschält zu werden. Die sehr robuste Sorte ist bestens für die Freilandkultur geeignet. An einem leichten Rankgerüst bindet man die Triebe fest, damit die Früchte nicht in Kontakt mit dem Boden oder Substrat kommen, denn dadurch erhöht sich die Krankheitsanfälligkeit.

'Jazzer'

Diese rein weiblich blühende F1-Hybride setzt keinerlei Samen an. Sie ist eine Salatgurke mit dunkelgrüner Schale und guter Bekömmlichkeit. Die 18 bis 22 Zentimeter langen Gurken sind gleichmäßig, walzenförmig und hervorragend im Geschmack. Die Pflanzen sind widerstandsfähig gegen Gurkenmosaikvirus und Mehltau und setzen auch bei ungünstiger Witterung zuverlässig Früchte an.

'Ministars'

Bei dieser Sorte handelt es sich um eine speziell für Balkongärtner gezüchtete Form, die sehr moderat und buschig wächst. An den leicht überhängenden Trieben entwickeln sich zahlreiche zarte »Fingergürkchen«, die sich als leckeres Naschgemüse präsentieren. Am besten pflanzt man die 'Ministars' in den Balkonkasten, wo die kurzen Triebe locker über den Rand hängen können. Auch Kinder werden diese Sorte mögen, denn sie ist völlig frei von Bitterstoffen.

'White Dream'

Eine historische Freiland- und Gewächshausgurke mit knackigen weißen Früchten. Die Schale der Früchte ist sehr zart, sie brauchen deshalb nicht geschält zu werden. Eine sehr leckere und süße Salatgurke mit vielseitigen Verwendungsmöglichkeiten. Die Pflanze ist sehr ertragreich und bildet laufend neue Früchte von Juni bis in den Herbst hinein. 'White Dream' ist eine Rarität und nicht überall zu bekommen, einige Versandgärtnereien vertreiben aber Saatgut.

Um die Pflanze nicht zu verletzen, schneidet man die Gurken vorsichtig mit einer Schere ab.

Alle Gurkensorten, ob kletternd oder nicht, brauchen viel Wasser.

Gurke und Zucchini – vielseitig und problemlos

Am besten schmecken Zucchini, wenn sie ganz jung geerntet werden. Dann sind sie noch zart.

Rechte Seite:
Die Blüten der Zucchini sind äußerst dekorativ. In Öl ausgebacken werden sie außerdem zu einer Delikatesse.

Balkontaugliche Sorten von Zucchini

'Black Forest'

Diese moderne F1-Hybride ist eine Besonderheit unter den balkontauglichen Zucchini, denn sie klettert bis zu anderthalb Meter hoch. An Tomatenstäben oder Schnüren hangeln sich die langen Triebe empor, an denen sich zahlreiche Früchte entwickeln. Die Pflanzen benötigen einen sonnigen windgeschützten Standort.

Die großen gelben Blüten aller Zucchini sind eine geschätzte Delikatesse, die auf südländischen Märkten schon seit Langem angeboten werden. Sie öffnen sich am zeitigen Morgen und schließen sich gegen Mittag. Man kann sie mit Hackfleisch füllen oder in Omeletteig tauchen und in heißem Fett frittieren. Je nach Gusto mit Zucker oder Salz bestreut, sind sie eine gesunde Leckerei.

'Defender'

Eine ertragreiche, robuste und früh reifende Neuzüchtung (F1-Hybride). Das Besondere ist die Resistenz gegen die von Läusen übertragene Viruskrankheit Gurkenmosaikvirus, die den Ertrag oft frühzeitig zum Erliegen bringt. Die buschig wachsende Sorte ist wüchsig und sehr ertragreich mit einer langen Erntezeit bis in den Herbst.

'Eight Ball' und 'One Ball'

Diese beiden Sorten zählen zu den sogenannten Rondini, das sind Zucchini mit kleinen runden Früchten. Sie wachsen buschig, und bei ständiger Ernte erscheinen große Mengen an Früchten vom Hochsommer bis zum Frost. Die Früchte erreichen einen Durchmesser von etwa acht Zentimetern. Jung gepflückt schmecken sie besonders zart und angenehm. Rondini sind robust und leicht zu kultivieren.

'Sunburst'

Wie alle Patissons oder Scallopini kann auch diese Sorte durch ihr sehr zartes und schmackhaftes Fruchtfleisch auftrumpfen. Die gelben Früchte mit dekorativem grünem Fleck sind ganz jung geerntet besonders lecker. Sie erscheinen an den buschigen Pflanzen in großer Zahl und sollten regelmäßig ganz jung geerntet werden, damit sich immer neue Früchte nachbilden. Geben Sie den Pflanzen einen sonnigen, geschützten Standort und humosen, nährstoffreichen Boden.

Balkonsalate – Auswahl in Hülle und Fülle

Unsere heutigen Salatsorten sind fast alle aus dem Garten-Lattich *(Lactuca sativa)* entstanden, der schon seit der Antike, damals aber als Heilpflanze, angebaut wurde. Sein Geschmack ist ziemlich bitter, sodass er heutzutage kaum noch den Weg in die Küche finden würde. Ein wenig von diesem Erbe schmeckt man noch im Romanasalat, der einen ganz eigenen, aber sehr angenehmen nussig-bitteren Geschmack hat.

Große Vielfalt

Vor wenigen Jahren noch war der klassische Kopfsalat der Hauptvertreter unter den Salaten. Daneben hat auch der Eisbergsalat aufgeholt, dessen Blätter viel knackiger schmecken und der in Restaurants schon lange eine wichtige Zutat auf dem Salatbuffet ist. Damit ist die Auswahl aber noch lange nicht zu Ende. Bei den Kopfsalaten gibt es fast alle Farben und Formen: Es gibt grüne, gelbe, rote und mehrfarbige Sorten, solche mit glatten oder stark gekräuselten Blättern, mit gewellten Blatträndern oder mit Buchtungen, die an Eichenlaub erinnern. Alleine schon durch die Kombination unterschiedlicher Salatsorten können Sie im Handumdrehen einen Salat zaubern, der nicht nur den Gaumen, sondern auch das Auge erfreut.

Besonders dekorativ sind die Köpfe der sogenannten Lollo-Salate, deren gekräuselte Wuschelköpfe eine Zierde in jedem Balkonkasten sind. Von fast bizarrer Schönheit sind Sorten, deren Blätter wie Hirschgeweihe geschlitzt sind. Solche Formen kommen beispielsweise beim Endiviensalat vor.

Besonders würzig sind die in den letzten Jahren so beliebt gewordenen Asia-Salate. Sie stammen im Gegensatz zu den klassischen Pflücksalaten vom Senf ab und sind weitläufig mit unseren Kohlarten verwandt.

Pflücksalat für die ganze Saison

Im Gegensatz zu den Kopfsalaten bilden Pflücksalate keine Köpfe aus, sondern lockere Blattschöpfe. Sie sind ideal für den Balkon, weil sie die ganze Saison über ausgesät werden können: vom zeitigen Frühjahr bis in den Herbst hinein. Anders als bei den Kopfsalaten wird aber hier nicht die ganze Pflanze geerntet, sondern nach und nach immer nur die äußeren Blätter, gerade so viele, wie benötigt werden. Solange die inneren Blätter stehen bleiben, bilden sich immer neue Salatblätter nach.

Salat wird am besten nicht morgens, sondern nachmittags oder abends geerntet. Nitrate, die der Salat aus dem Boden aufnimmt, kann er mithilfe von Sonnenlicht in gesunde Proteine umwandeln. Nach einigen Stunden Tageslicht ist der Nitratgehalt also deutlich niedriger und der Salat somit gesünder.

Die Kultur von Schnittsalaten ist einfach. Die Aussaat erfolgt ab Februar auf der Fensterbank, ab Mai auch in Kisten auf dem Balkon oder im Freilandbeet. Die Jungpflanzen werden in Töpfe oder ins Beet pikiert, sobald sie kräftig genug sind. Wichtig für eine reiche Ernte sind ein sonniger Standort und ein humoses, nährstoffreiches Substrat. Meist sind Mischungen verschiedener Sorten im Handel, es gibt aber auch separate Sorten.

Wenn es möglich ist, sollte Salat gleich an Ort und Stelle ausgesät werden, denn schon Jungpflanzen bilden sehr lange Wurzeln. Beim Pikieren werden die feinen Wurzeln dann oftmals abgebrochen, und die Salatpflanze benötigt eine ganze Weile, bis sie sich wieder erholt.

Balkontaugliche Sorten

'Grand Rapids'

Dieser delikate Pflücksalat ist reich an Vitaminen und Mineralstoffen. Die schmackhaften zarten Blätter werden handgroß und wachsen ständig nach, wenn man immer die äußeren Blätter erntet und die Herzen stehen lässt. Folgesaaten können ab März bis August direkt in Kästen und Kübel ausgesät werden.

'Maikönig'

Eine altbekannte, bewährte und vor allem witterungsbeständige Salatsorte für den Früh- und Spätanbau. Sie bildet mittelgroße, feste, kugelige Köpfe mit hellgrünen Blättern aus und wird als ganzer Kopf geerntet. Die

Salat und Stiefmütterchen zusammen im Balkonkasten? Warum nicht, es sieht doch hübsch aus!

Rechte Seite:
Die passenden Salatkräuter wachsen mit kleinen Pflücksalaten in einem Gefäß.

In diesem Balkonkasten wachsen alle Zutaten für einen gemischten Blattsalat.

frühen Aussaaten werden am besten in Multitopfplatten oder Saatkisten vorgezogen. Wenn sie sich gut entwickelt haben, kann man sie ins Hochbeet oder in Kästen setzen.

'Archimedes'

Eine interessante Neuzüchtung, die einen kompakten Kopf in Portionsgröße ausbildet, der durch einen einzigen Schnitt durch die Basis mundgerecht in zahlreiche gleich große Blätter zerfällt. Das sonst übliche Herz mit dicken Blattrippen bildet 'Archimedes' nicht aus. Die Sorte ist resistent gegen Falschen Mehltau und die Grüne Salatblattlaus. Bei fortlaufender Aussaat ist eine Ernte von Mai bis Oktober möglich.

Spargelsalat 'Celtuce'

Spargelsalat ist eine Spezialität mit feinem Aroma und wird schon seit Jahrhunderten in China angebaut. Die Besonderheit dieses Salates sind die fleischigen, saftigen Sprossen. Diese werden wie Spargel geschält und können roh sowie auch gekocht zubereitet werden. Darüber hinaus bildet der Spargelsalat am Ende der fleischigen Stängel lockere Köpfe, deren Blätter wie herkömmlicher Salat zubereitet werden können. Die Aussaat erfolgt ab März im Haus oder ab Mai im Freien.

'Little Gem'

Die zu den Romanasalaten gehörende amerikanische Sorte hat knackige Blätter mit angenehm süßem Geschmack. Die Blattrippen sind dünn, die Blätter hingegen haben Substanz. Der Salat ist bereits nach etwa 30 Tagen als Babysalat erntereif. Nach 65 Tagen ist er völlig ausgewachsen.

Die Aussaat kann bereits im zeitigen Frühling im Freien erfolgen, denn die Samen beginnen bereits bei Temperaturen über 6 °C zu keimen. Sät man alle drei Wochen nach, kann man bis in den Herbst hinein ohne Unterbrechung frischen Salat ernten. Wichtig ist eine gleichmäßige Wasserversorgung.

Balkonsalate – Auswahl in Hülle und Fülle

Wurzelgemüse – deftige Delikatessen

Bei manchen Gemüsearten wächst das Beste unter der Erde. Durch kräftiges Ziehen zur Reifezeit lässt das Wurzelgemüse sich jedoch aus der Erde holen und kann dann vielfältig verwertet werden. Dabei müssen es nicht immer nur Möhren und Radieschen sein, denn es gibt noch zahlreiche andere Arten, die sich auch bestens für die Balkonkultur eignen. Und das Beste daran ist: Alle Wurzelgemüse kommen auch mit einem ganz normalen Balkonkasten aus. Hier werden sie direkt in Reihen ausgesägt und später bei Bedarf etwas vereinzelt.

Mairüben

Lange waren Mairübchen *(Brassica rapa)* in Vergessenheit geraten, nun kochen auch Sterneköche wieder Gerichte davon. Sie zeichnen sich durch einen herzhaft süßlichen, leicht scharfen Geschmack aus. Die Rüben besitzen ein zart schmelzendes Fruchtfleisch, das vom Geschmack her an Kohlrabi erinnert. Mairüben können sowohl roh als auch gekocht gegessen werden. Selbst das Grün der Pflanze kann in Salaten, Suppen oder Eintöpfen verwendet werden. Wegen ihrer kurzen Wachstumsperiode sind Mairü-

Mairüben sind lange in Vergessenheit geraten. In den letzten Jahren erfährt das wohlschmeckende Wurzelgemüse aber neue Wertschätzung.

ben eine besondere Frühjahrsdelikatesse mit hohem Vitamin- und Mineralstoffgehalt. Ebenso ist es möglich, bei späterer Aussaat die Mairüben noch bis in den November hinein zu kultivieren. Verschiedene Sorten sind auf dem Markt.

Balkontaugliche Sorten
'Aramis'
Die Sorte ist eine Delikatesse aus Frankreich mit süßlich nussigem Geschmack. Geerntet wird in Golfballgröße bereits vier Wochen nach der Aussaat. Durch den kompakten Wuchs ist 'Aramis' perfekt als Minigemüse im Kübel oder Kasten.

'Di Milano a Coletto Viola'
Diese Mairübensorte gehört zu den ältesten Züchtungen und ist schon seit 1887 in Italien bekannt. Bezeichnend ist ihre dekorative hellviolette Farbgebung.

'Market Express'
Die Sorte ist reinweiß und besonders mild.

Radies
Radieschen *(Raphanus sativus)* müssen nicht rund sein. Die 20 Zentimeter langen, intensiv roten Radieschen 'Candela di Fuoco' kommen ursprünglich aus Italien. Mit weißem Wurzelfleisch und mildwürzigem Geschmack sind

Radieschen gehören zu den Schnellentwicklern. Wenn Sie mehrmals nachsäen, können Sie die ganze Saison über ernten.

Wurzelgemüse – deftige Delikatessen

sie dort als Beilage zu Käse bei Kennern sehr beliebt. Auch 'China Rose' ist länglich, innen weiß und außen rosarot. Das Besondere an ihr ist der milde Geschmack ohne Schärfe und eine hervorragende Frosthärte, sodass sogar noch im Herbst ausgesät und bis in den Winter hinein geerntet werden kann.

Rund, dafür aber weiß ist die Radieschensorte 'Albena', die sich durch mildwürzigen Geschmack und eine schöne glatte Schale auszeichnet. Auch die gelbe Sorte 'Zlata' ist rund und zeichnet sich durch einen sehr würzigen, nur leicht scharfen Geschmack aus. Sie kann bis September gesät werden. Gegen die Maden der Rettichfliege hilft zuverlässig das Abdecken der Jungpflanzen mit Vlies und im Sommer mit einem Kulturschutznetz gleich nach der Aussaat.

Möhren

Möhren oder auch Karotten *(Daucus carota)* gehören zu den beliebtesten Gemüsearten und lassen sich zudem sehr einfach anbauen. Auch von ihnen gibt es nicht nur Sorten in der gewohnten Farbe Orange, sondern in vielen anderen Farben. Früher waren andersfarbige Möhren weit verbreitet, und erst in letzter Zeit werden die »Schönen Bunten« wiederentdeckt. Am besten sind kleinwüchsige Sorten für die Anzucht auf dem Balkon geeignet, beispielsweise 'Pariser Markt', eine Karotte von kugelrunder Gestalt, nicht größer als ein Radieschen. Erstmals um 1910 in Frankreich auf den Markt gekommen, hat sie einen außergewöhnlich feinen Geschmack und erreicht sehr rasch die Erntereife.

Von klassischer Form, aber hellgelb ist 'Lobberischer Gelbe', eine alte Sorte aus dem Rheinland. Sie zeichnet sich durch ein besonders fruchtig-süßes Aroma aus und gehört zu den besten Sorten für köstliche Suppen.

Die zylindrischen Wurzeln von 'Little Finger' werden nur sieben Zentimeter lang und zwei Zentimeter dick. Sie ist die ideale Sorte zum sofortigen Vernaschen im Frühling und Sommer.

Etwas ganz Besonderes ist die knackigsüße 'Cosmic Purple', die außen dunkelrot, im Inneren aber hellorange ist. In Scheiben geschnitten ist sie eine Zierde in jedem Salat- oder Gemüsegericht.

Karotten wachsen besonders gerade in lockerer, gleichmäßig feuchter Erde.

Sehr fein schmecken Delikatesssorten wie die Fingermöhre oder auch die runde Sorte 'Pariser Markt'.

Wurzelgemüse – deftige Delikatessen

Kohl im Kübel

Manche Kohlarten sind so dekorativ, dass sie durchaus mit Zierpflanzen mithalten können, die üblicherweise auf dem Balkon kultiviert werden. Die fedrigen Blattstände des Grünkohls sind echte Kunstwerke der Natur, und durch die rotlaubigen Sorten kommt noch zusätzlich Farbe ins Spiel. Sehr beeindruckend ist auch der Toskanische Palmkohl, der mit seiner imposanten Gestalt das Zeug zum Solisten im Kübel hat.

Von den Kohlarten benötigt der Kohlrabi am wenigsten Platz, er teilt sich den Balkonkasten ohne Weiteres mit Salaten und Karotten. Geschickt ist es, im Kasten oder Kübel Pflanzen mit einer langen Vegetationsperiode mit solchen, die schneller wachsen und fruchten, zusammenzupflanzen. Kohl gehört eher zu den langsamen Kandidaten, daher ist es am besten, wenn er mit rasch reifenden Pflücksalaten, Fingermöhren oder Radieschen kom-

Blumenkohl gibt es jetzt auch in sehr kleinwüchsigen Sorten, die locker im Balkonkasten Platz finden.

biniert wird. Die flotten Partner wachsen, reifen und machen dann Platz, damit sich der Kohl bis zur Ernte im Spätsommer oder Herbst gut entwickeln kann. Da Kohl ein Starkzehrer ist, bekommen die Pflanzen in der Nachbarschaft auch reichlich Dünger mit und entwickeln sich besonders rasch und üppig.

Alle Kohlarten werden am besten in Töpfen vorgezogen und als kräftige Jungpflanzen noch einmal umgesetzt.

Blumenkohl

Ein besonders feines Gemüse ist der Blumenkohl *(Brassica oleracea* var. *botrytis)*, von dem es auch Sorten gibt, die nur kleine Köpfe ausbilden und die daher gut für die Kultivierung auf dem Balkon geeignet sind.

'Erfurter Zwerg'

Eine altbewährte Sorte, die bereits seit 1920 auf dem Markt ist. Sie entwickelt mittelgroße, feste Köpfe mit kräftigem Geschmack. Bereits 35 Tage nach der Aussaat sind die Köpfe erntereif.

'Candid Charm'

Die moderne F1-Hybride wurde speziell für die Topfkultur gezüchtet. Die Köpfe sind bei einem Durchmesser von sieben bis acht Zentimetern erntereif. In Sätzen ausgesät ergeben sie eine stete leckere Ernte den ganzen Sommer über.

'Natalio'

Die Sorte ist ein Romanesco im Kleinformat. Mit seiner frischgrünen Farbe und mit den dichten spitzkegeligen Röschen ist er eine wahre Zierde, aber auch sein kräftiger Geschmack überzeugt. Bereits ab zehn Zentimeter Größe können die Köpfe geerntet werden. Lässt man sie weiterwachsen, entwickeln sie sich zu mittelgroßen Exemplaren weiter.

Blumenkohl muss nicht weiß sein. Es gibt auch grüne, gelbe und sogar violette Formen.

Kohlrabi *(Brassica oleracea* var. *gonylodes)*

Kohlrabi ist vermutlich aus einer Kreuzung eines Wildkohls mit der wilden weißen Rübe entstanden. Die für den Verzehr genutzte Knolle ist eigentlich eine starke Verdickung des Sprosses (Strunks). Kohlrabi gibt es als

Rechte Seite: Junge zarte Kohlrabi schmecken auch roh. Die Blätter können für Gemüsesuppen verwendet oder beim Garen von Kohlrabi später zugefügt werden.

weiße und blaue Knollen, wobei die weißen Sorten sehr viel häufiger im Handel erhältlich sind. Kohlrabi ist beliebt wegen seines etwas feineren Kohlgeschmacks. Er kann roh und gekocht verzehrt werden. Wie alle Kohlarten bevorzugt auch Kohlrabi nahrhaften lockeren Boden. Die Knollen werden nicht allzu groß, sodass sich fast alle Sorten bestens für eine Kultur im Balkonkasten eignen. Wichtig ist eine gleichmäßige Wasserversorgung, weil die Knollen sonst holzig werden und an Geschmack verlieren.

'Purple Vienna'

Für späte Aussaaten und Winterernten ist die Sorte bestens geeignet. Die Knollen haben eine lilafarbige Schale und weißes, zartes Fruchtfleisch. 'Purple Vienna' hat einen nussigen Geschmack und ist geeignet zum Braten und Kochen, kann aber auch frisch, z. B. in Salaten, verzehrt werden.

'Early White Vienna'

Diese Kohlrabisorte gehört zu den frühen Sorten. Die Knollen reifen je nach Witterung etwa 60 Tage nach der Aussaat. Ihr Geschmack ist nussig, das Fruchtfleisch zart. Wenn die Knollen einen Durchmesser von acht bis zehn Zentimetern haben, ist die beste Erntezeit erreicht. Eine Aussaat ist bis Anfang August möglich. Nur auf geschützten, sonnigen Balkonen reifen die Knollen noch aus.

Tipp vom Gartenprofi

Seit Kurzem ist eine ganz neue Kohlart auf dem Markt, die in England durch die Kreuzung von Rosenkohl und Blattkohlen, also Grünkohl und Palmkohl, die dort alle unter der Bezeichnung »kale« laufen, entstanden ist. Seit Frühjahr 2011 ist Samen von Flower Sprouts auch in Deutschland erhältlich.

Von der Wuchsform her ähnelt Flower Sprout dem Rosenkohl. An einem starken geraden Stängel entwickeln sich in den zahlreichen Blattachseln kleine Röschen, die aber nicht fest gefüllt sind wie beim Rosenkohl, sondern locker und mit gekrausten und gerüschten Rändern versehen. Dazu sind die Pflanzen sehr farbenfroh, es kommen alle Typen von Frischgrün bis Dunkelrot vor, teilweise auch mehrfarbige. Flower Sprout wurde mit ganz traditionellen Kreuzungstechniken gezüchtet.

Durch ihre schmale hohe Wuchsform können Flower Sprouts auch bei wenig Platz kultiviert werden. Sie sind so dekorativ, dass sie als ornamentale Pflanzenskulpturen größere Kübel schmücken. Und nach dem ersten Frost wandern sie in den Kochtopf.

Rechte Seite:
Kaum etwas schmeckt besser als die ersten reifen Frühkartoffeln aus eigener Ernte.

Kartoffeln aus dem Eimer

Eine ungewöhnliche Idee ist die Kultivierung von Kartoffeln *(Solanum tuberosum)* auf dem Balkon. Dazu werden Pflanzkartoffeln im Frühjahr einzeln in Eimer gesteckt, genauso tief, wie sie in den Gartenboden kommen. Es dauert nicht lange, und die Triebe finden den Weg an die Oberfläche. Nach und nach wachsen die Pflanzen zu stattlichen Exemplaren heran und beginnen zu blühen. Die ersten Kartoffelpflanzen, die aus Südamerika zu uns kamen, wurden schließlich auch wegen ihrer Blüten kultiviert, denn dass die Knollen essbar sind, das wusste man damals noch nicht. Am meisten Spaß macht es, Sorten heranzuziehen, die es nicht überall zu kaufen gibt. Dazu gehören rot- und violettschalige, die sich zudem noch durch besondere farbige oder gestreifte Blüten hervortun.

Pflanzen und ernten

Zunächst wird ein Pflanzgefäß mit einer etwa 10 Zentimeter hohen Schicht Erde befüllt. Geeignet sind Eimer aller Art und andere Gefäße von ähnlicher Größe. Für einen guten Wasserabzug werden einige Löcher in den Boden gebohrt.

Nun legt man eine einzelne Kartoffel obenauf und bedeckt sie mit Erde. Das Substrat sollte leicht feucht, aber nicht nass sein. Wenn die ersten Triebe der Kartoffel sichtbar sind, gibt man erneut so viel Erde darüber, dass der Trieb wieder leicht bedeckt ist. Dieses Prozedere wird so oft wiederholt, bis der Eimer beziehungsweise Topf fast bis an den Rand mit Erde angefüllt ist. Auf diese Weise bildet die Kartoffel reichlich Wurzeln, was Voraussetzung für eine gute Ernte ist.

Die Ernte kann beginnen, wenn das Laub anfängt zu welken. Dann wird die gesamte Pflanze ausgegraben und die neu gebildeten Knollen aus dem Wurzelgeflecht herausgesucht.

Welche Kartoffelsorten eignen sich?

Als Pflanzkartoffel kann jede Kartoffelsorte verwendet werden, die im Handel erhältlich ist. Speisekartoffeln aus dem Lebensmittelhandel eignen sich allerdings meist nicht, denn sie sind oft mit keimungshemmenden Mitteln behandelt worden und entwickeln daher keine kräftigen Triebe.

Krankheiten und Schädlinge

Im Freiland sind Kartoffeln einigen Krankheiten und Schädlingen ausgesetzt, allen voran der Kraut- und Knollenfäule und dem Kartoffelkäfer. Die Gefahr einer Infektion mit Pilzen ist allerdings auf dem Balkon viel geringer. Beste Voraussetzung für gesunde Kartoffelpflanzen ist einwandfreies Saatgut.

Die Saatkartoffel kommt in die Erde. In einem ausreichend großen Kübel dürfen es auch zwei oder drei sein.

KRÄUTER FÜR DEN GUTEN GESCHMACK

Duftende und aromatische Alleskönner

Kräuter bringen Geschmack und Raffinesse in unsere Speisen, außerdem tun sie Gutes: Ihre vielfältigen Inhaltsstoffe helfen bei der Verdauung, ätherische Öle wirken sich positiv auf den Stoffwechsel aus. Zudem punkten viele Küchenkräuter durch ihren Vitamingehalt. Schnittlauch ist beispielsweise eine kleine Vitamin-C-Bombe.

Für eine kleine Küchenkräutersammlung sollte also unbedingt ein Plätzchen auf dem Balkon frei gehalten werden, damit das Gewünschte immer schnell zur Hand ist. Kräutertöpfe verbinden Nutzen auch mit Schönheit: Viele Kräuter blühen mit kleinen, zarten Blüten, duften intensiv und haben ein fantastisches Aroma. Einen unverwechselbar südländischen Geschmack erhält man, wenn frisches Basilikum auf Pastagerichte, Suppen und Rühreier gestreut wird. Je nach Sorte duftet es sogar nach Zitronen oder Zimt. Salbei schmeckt zu Nudeln oder zum Kalbsschnitzel und erfreut je nach Sorte mit dekorativem grauem, grüngelb gescheckten, rot-grau gezeichnetem Laub und breitrunden oder schmalen Blättern. Ein Genuss für Gaumen und Augen gleichermaßen! Minzen eignen sich hervorragend für erfrischende Tees und als i-Tüpfelchen auf Süßspeisen, zum Beispiel zu frischen Erdbeeren, gemischt mit Honig. Und das sind nur einige Beispiele. Die Vielfalt an Kräutern ist groß, und sie können allesamt in Töpfen auf dem Balkon kultiviert werden.

Kräuter braucht man meist nur in kleinen Mengen. Daher genügt von jedem Kraut ein Töpfchen.

Hier sind die typischen Zutaten für eine würzige Pastasauce zu sehen. Ganz wichtig: Oregano.

Duftende und aromatische Alleskönner

Kräuterkultur leicht gemacht

Die meisten Kräuter wachsen auf dem Balkon problemlos in Töpfen oder Kästen, wenn ihre Standortbedingungen berücksichtigt werden. Viele lieben einen vollsonnigen Platz und einen nahrhaften, leicht alkalischen Boden, wie ihn handelsübliche Blumenerde bietet. Regelmäßiges Gießen ist wichtig, Staunässe vertragen die meisten Kräuter aber nicht. Es gibt aber auch Arten, die Trockenheit gut vertragen, z. B. Oregano, Bohnenkraut und Thymian.

Auch bei Kräutern unterscheidet man zwischen Einjährigen, Zweijährigen, Stauden und Gehölzen. Basilikum, Dill und Koriander sind in unseren Gefilden nicht winterhart und müssen alljährlich neu ausgesät werden, oder man kauft sich in der Gärtnerei jedes Jahr eine neue Pflanze. Zweijährig sind Petersilie und Kerbel. Dann gibt es auch noch Lauchgewächse wie den Schnittlauch, die sich ebenfalls in Kübeln und Kästen bestmöglich entfalten. Die meisten Kräuter sind allerdings Halbsträucher, die mit der Zeit verholzen, wie Rosmarin und Salbei.

Minzen bevorzugen im Gegensatz zu den allermeisten Kräutern einen humosen Boden und benötigen für ihr starkes Wachstum ein größeres Gefäß und ausreichend Wasser. Eine Mischung aus verschiedenen Minzen, Kresse, Schnittlauch und Petersilie belebt halbschattige Bereiche und die Speisekarte gleichermaßen.

Verwendungsmöglichkeiten

Vor allem die Mexikanische Minze *(Agastache mexicana)* hat schöne magentarote Blütenstände, die allein schon einen Anbau auf dem Balkon lohnen. Die Blüten machen sich aber auch im Salat gut, sowohl kulinarisch als auch optisch. Die beliebte Blattpetersilie lässt sich aufgrund ihres kompakten Wuchses und der frischen grünen Blätter gut als Bodendecker, für Ampeln oder große Kübel als Unterpflanzung verwenden. Sie bildet einen sattgrünen Teppich und kann die Farben der Sommerblumen, z. B. Geranien und Petunien, noch stärker zum Leuchten bringen.

Kräuter auf mehreren Etagen

Hohe Terrakottakübel mit seitlichen Pflanztaschen eignen sich ideal für die Kultivierung zahlreicher Kräuter. Im Kübel ist Platz für ein hübsches Kräuterstämmchen, z. B. Rosmarin oder auch ein veredeltes, dadurch besonders wüchsiges Oreganumstämmchen. In die seitlichen Öffnungen passt alles, was hängend oder polsterförmig wächst, also Thymian *(Thymus vulgaris)*, unentbehrlich für Kurzgebratenes, Bergbohnenkraut *(Satureja montana)*, viel aromatischer als das einjährige, Currykraut *(Helichrysum italicum)* für leckere Soßen oder auch die durch ihre Blüten ebenso dekorative wie würzige Kapuzinerkresse *(Tropaeolum majus)*.

Im sogenannten Erdbeertopf gedeihen auch Kräuter ganz hervorragend, besonders solche mit polsterförmigem oder hängendem Wuchs.

Kräuterkultur leicht gemacht

Kräuter in Gefäßen

Das Angebot an schönen Töpfen und Kübeln ist in den letzten Jahren immer größer geworden. Die Auswahl reicht dabei von schlichten und vergleichsweise günstigen Tontöpfen bis hin zu sehr teuren handgearbeiteten und frostfesten Terrakottaschönheiten.

Eigentlich gehören zu mediterranen Kräutern auch mediterrane Gefäße aus Ton oder Terrakotta. Zusammen verströmen sie das unnachahmliche Flair, das uns gedanklich sofort in unseren letzten Urlaub in Italien versetzt.

Sehr viel preisgünstiger und vor allem auch leichter sind Gefäße aus Kunststoff, wobei es heute zahlreiche Modelle gibt, die sehr edel aussehen und so gar nichts mehr von den billigen Spritzgussexemplaren haben.

Für viele Kräuter ist ein länglicher Blumenkasten, der auch für die klassischen Balkonblumen verwendet wird, eine gute Wahl. Solch ein Kasten lässt sich wunderbar auf das Küchenfensterbrett stellen, sodass einfach nur das Fenster geöffnet werden muss, um die passenden Kräuter für die nächste Mahlzeit zu ernten. Auch hier gibt es wieder

Eine dekorative Alternative zu einfachen Töpfen sind dreieckig geformte Gefäße, mit denen Sie Kräuterbeete im Miniaturformat gestalten können.

KRÄUTER FÜR DEN GUTEN GESCHMACK

die verschiedensten Ausführungen: preiswerte Kunststoffkästen, edle Varianten aus Ton, die aber ziemlich schwer sind, und teure Designerkästen. Wenn ein einfacher Kunststoffkasten nicht schön genug aussieht, er aber genau an die vorgesehene Stelle passt, kann man ihm ganz einfach ein neues Kleid verpassen. Eine schicke Verkleidung aus Holz, die nach den eigenen Vorstellungen farbig lackiert oder lasiert wird, ist ganz einfach selbst zu bauen.

Eine andere Möglichkeit ist das Zweckentfremden von Obststeigen aus Sperrholz, die man im Lebensmittelgeschäft oder auf dem Markt bekommt. Wenn diese mit einer nur leicht deckenden Lasur, bei der die Holzmaserung noch gut sichtbar ist, gestrichen wird, erhält man Pflanzgefäße im rustikalen Shabby Chic.

Grautöne und Patina harmonieren perfekt mit silberlaubigen Mittelmeerkräutern.

Doch damit sind die Möglichkeiten noch lange nicht ausgeschöpft. Im Grunde lassen sich alle Gefäße zu Pflanztöpfen umfunktionieren. Tee- oder Keksdosen, die nicht mehr benötigt werden, eignen sich beispielsweise gut als Übertöpfe. Die Kräuter können auch direkt dort hineingepflanzt werden. Damit überschüssiges Gießwasser schnell ablaufen kann, muss man Abzugslöcher in den Boden bohren.

Tipp vom Gartenprofi

Kräutermix: Sollen verschiedene Kräuter in Kästen zusammengepflanzt werden, müssen sie gleiche Ansprüche bezüglich Wasser und Dünger aufweisen. Wenig Wasser benötigen Rosmarin, Thymian, Salbei und Oregano. Häufiger gegossen werden Schnittlauch, Melisse, Liebstöckel und Estragon.

Dünger: Da den Pflanzen in den Töpfen wenig Erde zur Verfügung steht, sollten die Kräuter gelegentlich mit einem speziellen Kräuterdünger versorgt werden. Auf keinen Fall darf üblicher Balkonblumendünger eingesetzt werden, dieser enthält viel zu viele Nährstoffe.

Ernte: Morgens, wenn der Tau bereits abgetrocknet ist, dann duften die Kräuter am intensivsten und enthalten die höchsten Wirkstoffkonzentrationen. Dann ist die beste Zeit zum Ernten.

Altbewährte Suppenkräuter

Was die Häufigkeit bei der Verwendung in der Küche angeht, kommen Schnittlauch und Petersilie, die Klassiker unter den Würzkräutern, gleich nach Pfeffer und Salz. Beide lassen sich recht einfach in Töpfen auf dem Balkon kultivieren, zudem sind sie winterhart und liefern auch in der kalten Jahreszeit frisches Grün für die Küche, solange es nicht friert.

Schnittlauch

Schnittlauch *(Allium schoenoprasum)* gehört zu den Lauchgewächsen und gedeiht am besten an sonnigen bis halbschattigen Standorten auf dem Balkon. Er benötigt Luft und Platz und sollte daher nicht zu dicht an andere Pflanzen gestellt werden. Als Pflanzsubstrat reicht normale Balkonerde aus. Schnittlauch kann gut gemeinsam mit Basilikum, Petersilie oder auch Dill in einen Balkonkasten gepflanzt werden.

Schnittlauch stellt keine besonderen Ansprüche, nur der Wurzelballen sollte niemals austrocknen. Eine regelmäßige Ernte sorgt dafür, dass sich immer frische Triebe bilden und keine Blüten angesetzt werden.

Petersilie

Das beliebte Gewürz ist ein zweijähriger Doldenblütler, der als glatte und krause Variante zu haben ist. Nicht nur optisch, sondern auch im Geschmack unterscheiden sich die beiden Sorten. Im Gegensatz zur krausen Petersilie besitzt die glatte ein kräftigeres Aroma. Damit die Petersilie *(Petroselinum crispum)* gut gedeiht, benötigt sie einen hellen Standort ohne volle Sonne. Wer Petersilie aussät, muss Geduld mitbringen. Bis zum Aufgang der Samen vergehen viele Tage. Nur beim Gießen ist sie ein wenig heikel: Der Wurzelballen sollte niemals austrocknen, Staunässe wird aber ebenso schlecht vertragen. Sind die Bedingungen schlecht, stellen sich nur allzu schnell Weiße Fliegen ein. Daher mäßig, aber regelmäßig gießen.

Rechte Seite: Kräuter werden am besten mit einem scharfen Messer oder einer speziellen Kräuterschere abgeschnitten.

Mit diesen Kräutern bekommt auch die einfachste Kartoffelsuppe ein ganz besonderes Aroma.

Mittelmeerkräuter im Topf

Der Duft aromatischer Kräuter aus dem Mittelmeerraum verzaubert immer wieder, ihr Geschmack erinnert an laue Abende unter dem südlichen Sternenhimmel und an Tafelfreuden an unbeschwerten Urlaubstagen. Was wäre das italienische Duo Tomate und Mozzarella ohne den Geschmack von frischen Basilikumblättern? Wie fade käme eine französische Ratatouille daher ohne die Würze von Rosmarin oder Thymian? Die klassische mediterrane Küche lebt vom Aroma landestypischer Kräuter. Seit Generationen verwandeln Italiener, Franzosen und Spanier mit Bergbohnenkraut, Estragon, Oregano, Salbei und Basilikum einfache Gerichte in wahre Gaumenfreuden.

Es ist unglaublich, wie viele Sorten von Mittelmeerkräutern zur Verfügung stehen, und jede hat ihr eigenes Aussehen und ihr eigenes Aroma. Allein fast 50 Basilikumsorten sind erhältlich. Der Klassiker darunter ist sicher das schnellwüchsige einjährige Basilikum 'Genoveser'. Hauptsächlich werden die großblättrigen Sorten, die man auch fertig in Töpfen im Lebensmittelgeschäft kaufen kann, gezogen. Viel aromatischer sind aber die zahlreichen kleinblättrigen Sorten. Manche von ihnen sind sogar mehrjährig und können an einem geschützten Platz auch unsere hiesigen Winter überstehen. Es lohnt sich, die verschiedenen Sorten, von denen einige süß, andere sogar ein wenig scharf schmecken, einfach einmal auszuprobieren. Die süßen Varianten geben das »gewisse Etwas« zu zahlreichen Süßspeisen.

Ein typisches südländisches Gewürz ist der Echte Salbei mit seinem ganz eigenen Aroma, ein wenig bitter, ein wenig scharf. Genau so ist auch sein Geruch, der für manchen vielleicht ein wenig gewöhnungsbedürftig ist und einen zunächst an Halsbonbons erinnert. Aber auch das kommt nicht von ungefähr, Salbei hilft bei kratzigem Hals und Heiserkeit.

Basilikum

Das als Gewürz bekannte Basilikum *(Ocimum basilicum)* ist eine wärmeliebende Pflanze des Mittelmeerraums. Ihr Ursprung ist nicht bekannt. Vielfach wurde eine Herkunft aus Indien angenommen, da seine engsten Verwandten dort wild vorkommen. Aber die Pflanze wird bereits seit 3000 Jahren im Mittelmeerraum kultiviert, deshalb erscheint auch ein westasiatischer Ursprung möglich. Heute wird Basilikum in vielen asiatischen Ländern und im ganzen Mittelmeergebiet angebaut.

Das Heilige Basilikum *(Ocimum sanctum)* ist ebenfalls eine alte Kulturpflanze und wurde bereits im vedischen Indien (vor 3000 Jahren) beschrieben. Seine Verbreitung als Wildpflanze umfasst das tropische Asien und Afrika. Meist wird ein indischer Ursprung angenommen. Aus den Wildformen sind zahlreiche Sorten entstanden, die sich zum Teil auch für die Kultivierung im Garten oder in Töpfen eignen. Basilikum ist nicht winterhart und wird üblicherweise einjährig gezogen. Die strauchförmig wachsenden Sorten können aber auch im Haus überwintert werden.

Balkontaugliche Sorten
'Genoveser'

Das bekannteste und beliebteste italienische Basilikum wird häufig in Töpfchen sogar im Lebensmittelhandel angeboten. Diese sind allerdings eher für den schnellen Verbrauch gedacht und halten sich meist nicht lange auf dem Balkon. Besser ist es, qualitativ hochwertige Pflanzen in der Gärtnerei oder dem Gartencenter zu kaufen. Auffälligstes Merkmal sind große, dunkelgrüne, gewölbte Blätter mit dem typischen Aroma. Bei genügend Wärme sind die Pflanzen sehr wüchsig und relativ unempfindlich.

'Dark Opal'

Diese Sorte ähnelt sowohl im Geschmack als auch in den Verwendungsmöglichkeiten dem großblättrigen Basilikum. Durch ihre purpurroten Blätter und rosa bis violetten Blüten sieht 'Dark Opal' besonders dekorativ aus. Die Blätter können allein oder in Mischung mit grünen Sorten zum Garnieren verwendet werden.

Potpourri der beliebtesten Mittelmeerkräuter: Salbei, Rosmarin, Oregano, Basilikum.

'Cuba'

Hierbei handelt es sich um ein stecklingsvermehrtes grünlaubiges Strauchbasilikum mit hervorragendem Aroma. Die kleinblättrige Sorte blüht nur wenig, bildet dafür aber umso mehr Blatttriebe aus. Steht die Pflanze warm und windgeschützt, aber nicht in der vollen Sonne, und erhält ausreichend Nährstoffe, wächst sie zu einem üppigen Strauch heran.

'Thaibasilikum'

Die ungewöhnliche Sorte hat ein leichtes Anisaroma und schmeckt besonders süß. Sie hat grüne Blätter und violette Blüten. Ganze Triebenden, auch mit Blüten, lassen sich

zum Würzen verwenden. Thaibasilikum eignet sich hervorragend für die asiatische Küche, aber auch für Süßspeisen und Teemischungen.

Oregano *(Origanum laevigatum)*

Der mediterrane Verwandte des heimischen Dosts ist intensiver und pfeffriger im Geschmack und unverzichtbar in der Mittelmeerküche.

Es gibt diverse Oreganosorten mit besonders dekorativem Laub. Oregano ist genügsam und trockenheitsverträglich und will einen sehr sonnigen, warmen Standort. Nur so kann er sein volles Aroma entfalten.

Rosmarin *(Rosmarinus officinalis)*

Sein unverkennbarer, bitter-herber Geschmack macht ihn für viele mediterrane Speisen unverzichtbar. Er braucht einen warmen, sonnigen Standort und durchlässiges Substrat.

Currykraut

Schon beim leichten Berühren des silbergrauen Laubes von *Helichrysum italicum* entströmt ihm der aromatische Duft nach dem bekannten Gewürz. Verwandt ist die Pflanze allerdings mit der Strohblume. In einem durchlässigen Substrat in voller Sonne fühlt sie sich wohl, durch regelmäßigen Rückschnitt behält sie ihre kompakte Form.

Linke Seite:
Rosmarin entwickelt sich mit den Jahren üppig. Der Halbstrauch muss aber regelmäßig in Form geschnitten werden.

Großblättriges Basilikum ist unentbehrlich in grünem Pesto.

Mittelmeerkräuter im Topf

Erntefreuden

Selbst gepflückt schmecken Kräuter einfach viel besser, und jeder Gang zu den Töpfchen wird schon beim Ernten zu einem sinnlichen Erlebnis. Das regelmäßige Ernten tut aber auch den Kräutern selber gut. Durch kontinuierliches Abschneiden der Triebe wird ihr Wuchs angeregt und eine frühe Blüte verhindert, die auf Kosten von Geschmack und Aroma gehen würde.

So wird geerntet: Die Blätter und jungen Triebe von Basilikum, Bergbohnenkraut, Oregano, Salbei und Thymian können die ganze Saison über von Mai bis Oktober geerntet werden.

Sollen die Zweige getrocknet werden, schneidet man sie am besten, kurz bevor die Blüte einsetzt. Vom Rosmarin lassen sich Blätter und Triebe das ganze Jahr über ernten. Seine Blätter eignen sich zwar zum Trocknen, sind dann aber eher als Badezusatz oder für Potpourris zu verwenden. Als Zutat zu Gerichten schmecken die frischen Zweige besser, die in diesem Zustand aromatischer sind. Beim Ernten dürfen die Triebe nicht allzu stark und vor allem keinesfalls bis in die verholzten Teile zurückgeschnitten werden, da sie sonst nicht mehr gut austreiben.

Links:
Wichtig: Die Triebe vieler Kräuter werden geschnitten, bevor sich Blütenknospen entwickeln.

Rechts:
An einem luftigen Platz ohne volle Sonne behalten die Kräuter beim Trocknen ihr Aroma.

Gesunde Sommerfrische

Aromatische Kräutertees »on the rocks« schmecken nicht nur erfrischend und sind ausgezeichnete Durstlöscher, durch die enthaltenen Vitamine, pflanzlichen Wirkstoffe und ätherischen Öle sind sie auch echte Wellness-Drinks, und das sogar kalorienfrei. Die meisten Kräuter, die Sie für die Teezubereitung verwenden können, lassen sich ohne Probleme in Töpfen, Kübeln und Kästen auf dem Balkon kultivieren. Bei Bedarf haben Sie immer frische Blätter und Blüten zum Aufbrühen zur Hand.

Die Tee-Favoriten

Pfefferminze *(Mentha x piperita)*

Bekannt und beliebt, wohltuend für den Magen und gut für frischen Atem. Für den Balkon ausgezeichnet geeignet ist die Sorte 'Indian Mint'. Sie bildet bis zu zwei Meter lange hängende Triebe und schmückt Balkonkästen und Blumenampeln sehr wirkungsvoll.

Melisse *(Melissa officinalis)*

Ob pur oder als Beimischung zu anderen Kräutern, das ausgeprägte Aroma gibt jedem Tee die besondere Note. Schon bei der kleinsten Berührung der Blätter entströmt ihnen ein erfrischender Duft, der je nach Sorte zu Zitronen, Limonen, Orangen oder auch Ananas tendiert. Melissen sind besonders pflegeleicht und wüchsig: Je mehr Triebe man abschneidet, desto schneller wachsen sie nach.

Melissen-Katzenminze

Mit ihrem intensiven, reinen Zitrusduft übertrifft sie sogar die Zitronenmelisse, als deren Ersatz sie früher oft verwendet wurde. Die Staude mit dekorativen weißen Lippenblüten fühlt sich auch in Kästen und Kübeln wohl.

Ananas-Salbei *(Salvia rutilans)*

Als Kübelpflanze mit leuchtend roten Blütenständen im Spätsommer eine echte Schönheit, dazu mit duftendem Laub. Ein paar Blättchen geben jedem Tee eine pikante exotische Note.

Zitronen-Verbene *(Aloysia citriodora)*

Eine Kübelpflanze mit unglaublich intensivem Zitronenaroma. Die schmalen Blätter ergeben einen erfrischenden Tee, eignen sich aber auch bestens für Duftpotpourris und Duftsäckchen im Kleiderschrank.

Ein paar einzelne Blätter des Ananas-Salbeis genügen schon zum Aromatisieren.

Zitronenmelisse schmeckt nicht nur im Tee erfrischend. Sie ist auch ein ideales Kraut für gegrillten Fisch.

Die richtige Teezubereitung

Kräuter werden am besten in einem Filter (Papier oder Gewebe) in eine Kanne gegeben. Das Wasser lässt man aufkochen und dann auf 80 °C abkühlen, bevor man es über die Kräuter gießt. Nach spätestens zehn Minuten werden die Kräuter herausgenommen. Alle Tees können heiß oder kalt getrunken werden, eignen sich aber auch für Eistee-Mixgetränke mit verschiedenen Säften.

Aromatische Minzen

Bereits seit der Römerzeit wird die Minze in unseren Gärten angebaut, und so lange ist auch ihre heilende und gesundheitsfördernde Wirkung bekannt. Eigentlich kann man gar nicht von der Minze sprechen, denn es gibt sie in unzähligen Arten mit ganz eigenen Aromen.

Die Minze gehört zur Familie der Lippenblütler wie viele andere der aromatischen Kräuter auch. Neben den Wildsorten existieren zahlreiche Züchtungen. Die verschiedenen Minzearten kreuzen sich sogar in der Natur sehr häufig untereinander. Minzen blühen von Juli bis Oktober. Die Stängel sind vierkantig, die meist behaarten Blätter länglich oder herzförmig, der Blattrand oft gezähnt oder gesägt. Die weißen oder rosa Blüten sitzen in Quirlen an den Stängeln. Auf alle Fälle erkennt man Minzen an ihrem typischen Grundaroma, dem sich je nach Art oder Sorte noch ein weiterer Duft hinzugesellt.

Besonders beliebt sind die Fruchtminzen wie Orangen- und Zitronen-Minze sowie die Schokoladen-Minze. Diese drei sind die erste Wahl für Süßspeisen und trendige Mixgetränke. Es gibt übrigens auch eine wilde Fruchtminze, die Apfel-Minze *(Mentha suaveolens)*. Sehr frisch minzig schmeckt die Grüne Minze, bekannt auch unter dem Namen Spearmint *(Mentha spicata)*. Sie ist Hauptbestandteil der berühmten englischen Minzsauce.

Die bereits seit dem 18. Jahrhundert kultivierte Pfefferminze *(Mentha x piperita)* ist eine Hybride aus den Wildarten Wasser-Minze und Ähren-Minze. Sie wird vor allem als Tee getrunken. Der an ätherischen Ölen reiche Pfefferminztee besitzt eine krampflösende Wirkung bei Magen- und Darmbeschwerden und wirkt lindernd bei Hals- und Rachenschmerzen. Für Tees können die Blätter übrigens auch getrocknet werden.

Das in der Minze enthaltene Menthol regt die Durchblutung der Schleimhäute an, wirkt schleimlösend und desinfizierend. Fruchtminzen besitzen allerdings einen eher niedrigen Mentholgehalt, der Tee aus ihren Blättern schmeckt daher nicht so minzig und ist auch bei Kindern beliebt.

Die Pflege der Minzen ist einfach: Sie bevorzugen ein nahrhaftes, ausgewogenes Substrat und eine ausgewogene Wasserversorgung. Lediglich Polei- und Wasserminze wollen lieber einen feuchten Boden und stehen auch lieber im Halbschatten.

Gesunde Sommerfrische

Nicht nur schön – essbare Blüten

Rechte Seite: Die Blüten vieler Gewürzpflanzen und Kräuter sind so schön, dass Sie mit ihnen kleine Blumenarrangements für die nächste Sommerparty gestalten können.

Bei Blüten auf dem Teller denkt so mancher wahrscheinlich nur an Dekoration. Doch viele der bunten Blüten sind nicht nur hübsch anzusehen, sondern auch wahre Gaumenfreuden.

Bekannt ist, dass die Blüten vieler kultivierter Gartenkräuter wie Kapuzinerkresse, Majoran und Thymian oder Gemüsepflanzen wie Kürbis und Zucchini essbar sind. Was viele aber nicht wissen: Auch die Blüten vieler, oft nur als Zier- oder Wildpflanzen bekannter Arten wie Nelken, Veilchen, Begonien, Rosen oder Astern sind essbar.

Verleihen Sie einem Salat doch zusätzliche Farbe und zusätzlichen Geschmack, indem Sie ihn mit scharfen Kapuzinerkresseblüten oder mit nussig schmeckenden Gänseblümchen garnieren Doch noch viel mehr Blüten eignen sich für den lukullischen Genuss, und etliche davon können recht einfach auf dem Balkon kultiviert werden.

Stiefmütterchen

Die bunten Blüten des Stiefmütterchens (*viola wittrockiana*) sind bestens geeignet, um sie zu kandieren und als Süßigkeit zu genießen. Als Dekoration für Desserts und Kuchen werten sie jede Süßspeise auf. Auch im Salat sind sie ein farbiger Hingucker.

Sommerchrysantheme

Sowohl die Blüten als auch die dekorativen geschlitzten Blätter der Sommerchrysantheme (*Chrysanthemum coronarium*) schmecken hervorragend in Salaten oder in Gerichten aus dem Wok.

Kapuzinerkresse

Die schon erwähnte Sommerblume (*Tropaeolum majus*) besitzt vielfältige Talente. Ihre Blütenknospen haben einen pfeffrigen Geschmack und wurden früher als Ersatz für Kapern verwendet. Die geöffneten Blüten bringen eine scharfe Note auch in den langweiligsten Salat. Außerdem ist sie sowieso eine der schönsten Balkonblumen, die ihre rankenden Triebe malerisch über den Rand des Balkonkastens hängt.

Essbare Blüten peppen den Sommersalat nicht nur optisch auf.

Hegen und pflegen

Kräuter werden meist in kleinen Töpfchen verkauft. Auf Dauer werden sie sich darin aber nicht wohlfühlen. Sie müssen nach dem Kauf sehr bald entweder einzeln in ausreichend große Töpfe oder zu mehreren in Balkonkästen und Kübel gepflanzt werden.

Ganz wichtig ist der richtige Standort. Mediterrane Kräuter wie Rosmarin, Thymian und Salbei brauchen maximale Sonneneinstrahlung und eine lockere, gut durchlässige Erde. Extreme Trockenheit vertragen sie aber nicht. Deshalb müssen auch sonnenhungrige Kräuterpflanzen im Hochsommer alle drei bis vier Tage durchdringend gewässert werden.

Kräuter mit weichen Stängeln wie Petersilie, Koriander, Kerbel oder Schnittlauch fühlen sich an einem halbschattigen Standort wohler. In der vollen Sonne ist es besonders wichtig, dass sie ausreichend gegossen werden und immer einen gut durchfeuchteten Wurzelballen haben. Eine der wenigen Ausnahmen bildet das Basilikum. Volle Sonne lässt die meisten Sorten mit der Zeit bitter werden, da hilft auch regelmäßiges Gießen nichts. Für Basilikum ist deshalb ein halbschattiger Standort wichtig.

Kräuter behalten ihren vollen Wuchs und treiben üppig aus, wenn sie regelmäßig geerntet werden. Seien Sie also nicht allzu sparsam, sondern schöpfen Sie aus dem Vollen.

Staunässe vermeiden

Bei Staunässe fault die Erde im unteren Bereich rasch, die Fäulnisbakterien greifen dann die Pflanzenwurzeln an. Mit einem optimalen Substrataufbau im Pflanzgefäß kann das vermieden werden: Ganz unten in das Gefäß kommt eine gewölbte Tonscherbe mit dem Hohlraum nach unten, darauf werden drei bis fünf Zentimeter hoch Blähton-Kügelchen geschichtet, darauf kommt eine Schicht wasserdurchlässiges Vlies und erst dann die Erde. Das Vlies verhindert ein Versickern der Erde in die Blähtonschicht und sorgt dafür, dass das Topfinnere gut durchlässig bleibt.

Schädlinge und Krankheiten

Auch Kräuter können von Schädlingen befallen werden und Pilzerkrankungen bekommen. Da ihre Blätter aber zum Verzehr bestimmt sind, verbietet sich der Einsatz von Bekämpfungsmitteln oder Fungiziden von selbst. Am besten schützt man die Pflanzen, wenn ihre Standortansprüche berücksichtigt werden. Blattläuse lassen sich oft schon mit einem scharfen Wasserstrahl abspritzen, und Triebe, die von Mehltau oder anderen Pilzen befallen sind, schneidet man am besten bis an die Basis zurück. Meist wird damit dann ein gesunder Neuaustrieb gefördert. Stark befallene Pflanzen kommen nicht auf den Kompost, sie werden im Hausmüll entsorgt.

Nach der Blüte muss Lavendel zurückgeschnitten werden.

Hegen und pflegen

Bezugsquellen

Obstgehölze

In nahe gelegenen Baumschulen findet man eine reiche Auswahl an Obstgehölzen in guter Qualität. Adressen sind auf der Internetseite des BdB veröffentlicht:

Bund deutscher Baumschulen (BdB) e.V.
Bismarckstraße 49
25421 Pinneberg
info@gruen-ist-leben.de
www.gruen-ist-leben.de

Zahlreiche Baumschulen und Gärtnereien verkaufen auch Obstgehölze über das Internet:

Bioland Hof Jeebel
Biogartenversand OHG
Jeebel 17
29410 Salzwedel OT Jeebel
info@biogartenversand.de
www.biogartenversand.de

Gustav Schlüter GmbH
Bahnhofstraße 5
25335 Bokholt-Hanredder
versand@garten-schlueter.de
www.garten-schlueter.de

Schwerdtfeger Obstbaumschulen
Ziegeleiweg 1
25560 Warringholz
schwerdtfeger-obst@t-online.de
www.alte-obstsorten-online.de

Eggert Pflanzenhandel
Baumschulenweg 2
25594 Vaale
verkauf@eggert-baumschulen.de
www.eggert-Baumschulen.de

N. L. Chrestensen
Erfurter Samen- und Pflanzenzucht GmbH
Witterdaer Weg 6
99092 Erfurt
info@chrestensen.com
www.gartenversandhaus.de

Schlegel & Co. Gartenprodukte GmbH
Göffinger Straße 40
88499 Riedlingen
info@gartencenter-shop24.de
www.gartencenter-shop24.de

Artländer Pflanzenhof
Frank Müller
Im Zwischenmersch / Baumschulenweg
49610 Quakenbrück
info@pflanzenhof-online.de
www.pflanzenhof-online.de

Baumschule Horstmann
Bergstraße 5
25582 Hohenaspe
info@baumschule-horstmann.de
www.baumschule-horstmann.de

Baumschule Anding
Apeldoorner Straße 3
28259 Bremen
kontakt@baumschule-anding.de
www.baumschule-anding.de

Jörg Müller
Bielefelder Straße 202
32758 Detmold
ebay@gruener-garten-shop.de
www.gruener-garten-shop.de

Gartenbaumschule Krämer
Maik Kornalewski
Bielefelder Straße 204
32758 Detmold
info@gartenbaumschule-kraemer.de
www.gartenbaumschule-kraemer-shop.eshop.t-online.de

Gemüsesamen und -pflanzen

In Ihrer örtlichen Gärtnerei oder im Gartencenter finden Sie meist eine gute Auswahl an Saatgut und in der Saison an Jungpflanzen. Zahlreiche Anbieter versenden auch über das Internet.

lilatomate
Melanie Grabner
Goethestraße 9
67459 Böhl-Iggelheim
info@lilatomate.com
www.lilatomate.com

pflanzen-traum.de
Dipl.-Ing. Imke Schreiber
Gutsstraße 23
17121 Trissow
info@pflanzen-traum.de
www.pflanzen-traum.de

Kräuter- und Wildpflanzengärtnerei
Monika Strickler
Lochgasse 1
55232 Alzey
strickler@t-online.de
www.tomaten-paprika-chili.de

Samenshop24
Krino Röben
Kirchdorfer Straße 177
26605 Aurich
service@samenshop24.de
www.samenshop24.de

Samenhaus Müller
Raiffeisenstraße 18
75210 Keltern
info@samenhaus.de
www.samenhaus.de

Samentraum Gassmann GmbH
Alter Pfarrhof
Friedhofstraße 5
27321 Wulmstorf
info@samentraum.de
www.samentraum.de

Samen-Frese
Kreuzstraße 15
49124 Georgsmarienhütte
info@samen-frese.de
www.samen-frese.de

Bruno Nebelung/Kiepenkerl
Im Weidboden 12
57629 Norken
info@brunonebelung.de
shop.nebelung.de

Kräuter

Staudengärtnerei Gaißmayer
Jungviehweide 3
89257 Illertissen
info@gaissmayer.de
www.gaissmayer.de

Katrin Bargest
Ochsenwerder Elbdeich 5
21037 Hamburg
bargest@web.de
(umfangreicher Stauden- und Kräuter-
versandshop bei eBay)

Weseler Kräuterparadies
Meik Enseleit
Schermbecker Landstraße 70
46485 Wesel
info@weselerkraeuterparadies.de
www.weselerkraeuterparadies.de

Die Kräuterei
Alexanderstraße 29
26121 Oldenburg
kraeuterei@t-online.de
www.kraeuterei.de

Rühlemann's Kräuter & Duftpflanzen
Auf dem Berg 2
27367 Horstedt
info@kraeuter-und-duftpflanzen.de
www.kraeuter-und-duftpflanzen.de

Syringa
Duftpflanzen und Kräuter
Bachstraße 7
78247 Hilzingen-Binningen
info@syringa-pflanzen.de
www.syringa-pflanzen.de

www.pflanzenreich.com
Dirk Mann
Schönbacher Straße 25
02708 Lawalde
info@pflanzenreich.com
www.pflanzenreich.com

Bio Gärtnerei Christian Herb
Heiligkreuzerstraße 70
87439 Kempten im Allgäu
info@Bio-Kraeuter.de
www.bio-kraeuter.de

Gartenzauber & mehr
Kirsten Rowlin
Dorfstraße 28 E
23738 Beschendorf
kontakt@gartenzauber-und-mehr.de
www.gartenzauber-shop.de

Register

A
Actinidia arguta 116
Actinidia deliciosa 116
Agastache mexicana 166
Allium schoenoprasum 170
Aloysia citriodora 177
Ameise 44
Ananas-Salbei 177
Andenbeere 50, 120
Anzuchterde 27
Anzuchtgefäße 23, 25
Apfel-Minze 179
Aprikose 80
Aussaaterde 28, 30
Aussaattiefe 31

B
Basilikum 160, 164, 170, 172
Basilikum, Heiliges 172
Befruchtersorte 78
Bergbohnenkraut 166
Beton 15
Bewässerungssystem 37
Bewurzelung 35
Birne 66
Birnengitterrost 68
Blattläuse 42, 44
Blumenampel 50, 177
Blumenkohl 157
Botrytis 42, 112
Brassica oleracea var. *botrytis* 157
Brassica oleracea var. *gongylodes* 157
Brassica rapa 152
Brennnesseljauche 42

C
Capsicum annuum 138
Cherrytomate 133, 136
Chili 138, 141
Chlorose 106
Chysanthemum coronarium 180
Citrus aurantiifolia 106
Citrus limon 106
Citrus sinensis 106
Cucumis sativus 142
Cucurbita pepo 143
Currykraut 166, 175

D
Daucus carota 154
Depotdünger 40
Dünger, mineralischer 40
Dünger, organischer 40
Düngung 40

E
Edelreiser 52, 75
Edelstahl 15
Erdbeere 50, 118

F
F1-Hybride 138
F1-Saatgut 23
Feige 109
Feuchtigkeit 24, 36
Feuerbrand 65, 68
Ficus carica 109
Flächensaat 32
Flavonoide 88, 133
Florfliege 46
Flower Sprouts 158
Folientunnel 132
Fortunella japonica 108
Fortunella marginata 108
Fragaria × *ananassa* 119
Fragaria vesca 118
Frühbeetkasten 30

G
Garten-Lattich 148
Gießen 36
Gojibeere 86, 102
Granatapfel 110
Grauschimmel 43
Gurke 142
Gurkenmosaikvirus 144, 146

H
Hanging Basket 50
Heidelbeere 98
Helichrysum italicum 166, 175
HM-Nematoden 47
Hornspäne 40

I
Insektenhotel 46

J
Jiffy-Pots 26
Johannisbeeren, Rote 88
Johannisbeeren, Schwarze 88
Johannisbeeren, Weiße 93
Jostabeere 93

K
Kamtschatkabeere 103
Kapuzinerkresse 132, 180
Karotte 128, 154
Kartoffel 160
Keimtemperatur 33
Kernobst 74
Kirschtomate 136
Kirschwochen 78
Kiwifrucht 116
Kohlrabi 157
Kompost 29, 40, 131
Komposterde 29
Kopfsteckling 35
Kraut- und Braunfäule 134
Kultur-Apfel 58
Kulturtemperatur 33
Kumquat 108
Kunststoffkasten 13, 169

L
Lactuca sativa 148
Leitungswasser 32, 36
Licht 22
Lichtkeimer 31
Limette 106
Lonicera kamtschatica 103
Luftfeuchtigkeit 22, 34
Lycium barbarum 102
Lycopersicon esculentum 133

M
Maibeere 103
Malus domestica 58
Mairübe 152
Marienkäfer 46
Mehltau, Echter 43
Mehltau, Falscher 43
Melissa officinalis 177
Melisse 177

Melissen-Katzenminze 177
Mentha × piperita 177, 179
Mentha spicata 179
Mentha suaveolens 179
Metall 15
Minigewächshaus 14, 24
Minze, Grüne 179
Minze, Mexikanische 166
Mittelzehrer 132
Möhre 154
Moorbeetpflanze 86, 122
Multitopfplatte 30

N
Nährstoffbedürfnisse 29
Nährstoffe 18, 25, 40
Neem-Präparate 42
Nektarine 80
Niederstämmchen 54, 57
Nodium 34
Nützling 47

O
Ocimum basilicum 172
Ocimum sanctum 172
OPC 88
Oregano 175
Origanum laevigatum 175

P
Paperpots 27
Paprika 138, 140, 141
Passiflora 110
Passionsblume 110
Patisson 143, 146
Peperoni 138, 140, 141
Pergola 112
Petersilie 170
Petroselinum crispum 170
Pfefferminze 179
Pfirsich 80
Pflaume 84
Pflücksalat 148, 156
Physalis peruviana 120
Pikieren 25, 30, 32
Pillnitzer Züchtung 68
Preiselbeere 100

Prunus armeniaca 80
Prunus avium 74
Prunus cerasus 74
Prunus domestica 84
Prunus persica 80
Prunus persica var. *nectarina* 80
Punica granatum 110
Pyrus communis 66
Punktsaat 30

R
Radieschen 43, 153
Rankhilfe 112
Ranksysteme 112
Raphanus sativus 153
Raubmilbe 47
Regenwasser 36
Ribes nigrum 88
Ribes rubrum 88
Ribes uva-crispa 94
Rinderdung 40
Romanesco 157
Rosengewächse 74
Rosmarin 175
Rosmarinus officinalis 175
Rußtau 43

S
Saatkisten 24, 150
Salbei, Echter 172
Salvia officinalis 177
Salvia rutilans 177
San-Marzano-Tomate 136
Satureja montana 166
Sauerkirsche 74
Säulenform 54, 57
Scallopini 147
Schädlingskontrolle 42
Scharkaresistenz 84
Scharkavirus 85
Schlupfwespe 47
Schmierseifenbrühe 45
Schnittlauch 170
Schwachzehrer 132
Solanum burbankii 121
Solanum tuberosum 160
Sommerchrysantheme 180

Spargelsalat 150
Spindelbusch 57
Spinnmilbe 125
Stachelbeere 94
Stachelbeermehltau, Amerikanischer 43
Standort 32
Starkzehrer 132
Stecklingsgewinnung 34
Steinobst 74
Stiefmütterchen 180
Süßkirsche 74

T
Tabakmosaikvirus 43
Temperatur 33, 40
Terrakotta 15
Thymian 166
Thymus vulgaris 166
Tomate 133
Ton 15
Torfquelltöpfe 32
Triebsteckling 35
Tropaeolum majus 166, 180

U
Unterlage 33, 52

V
Vaccinium corymbosum 98
Vaccinium vitis-idaea 100
Veredelung 52
Viola wittrockiana 180
Vitamin P 88
Vitis vinifera 113
Vlies 130

W
Weinrebe 113
Weiße Fliege 45
Wonderberry 121

Z
Zitrone 106
Zitronen-Verbene 177
Zucchini 143
Zwergsauerkirsche 78
Zwetschgen 84

Ebenfalls erhältlich ...

ISBN 978-3-86244-139-6

ISBN 978-3-86244-140-2

ISBN 978-3-86244-218-8

ISBN 978-3-86244-216-4

www.christian-verlag.de